Piensa como el Rey Piensa

Editorial JUCUM forma parte de Juventud con una Misión, una organización de carácter internacional. Si desea un catálogo gratuito, contáctese con:

Editorial JUCUM
P.O. Box 1138, Tyler, TX 75710-1138 U.S.A.
E-Mail: info@editorialjucum.com
Teléfono: (903) 882-4725
www.editorialjucum.com

Piensa como el Rey piensa
por Pam Viana B.

Ilustración y diseño de portada: Pam Viana B.
Copyright © 2023 por Editorial JUCUM
P.O. Box 1138, Tyler, TX 75710-1138 U.S.A.

Primera edición 2023

ISBN 978-1-64836-124-1

Impreso en Colombia.

ESTE LIBRO PERTENECE A:

____

OBJETIVOS DE CADA CAPÍTULO

CAPÍTULO 1 — Entender qué es una cosmovisión y cómo se forma.

CAPÍTULO 2 — Comprender que cada cultura tiene diferentes cosmovisiones y cómo son influenciadas.

CAPÍTULO 3 — Reconocer que Dios como creador de todo tiene la única verdad sobre todo y no existe verdad en el relativismo.

CAPÍTULO 4 — Aprender que la vida tiene valor y dignidad por ser creados a imagen y semejanza de Dios, debemos defenderla desde la concepción hasta la muerte.

CAPÍTULO 5 — Ver que la creación es sustentada por Dios y nuestra misión es ser buenos administradores de ella.

CAPÍTULO 6 — Encontrar en la historia un reflejo de la providencia de Dios que nos permita descansar en que Él cumple su plan.

CAPÍTULO 7 — Conocer que la cultura tiene mentiras que sólo la verdad de Dios puede destruir para sanarla y liberarla.

CAPÍTULO 8 — Comprender que la construcción de nuestra cosmovisión bíblica implica el esfuerzo de ser cuidadosos con lo que permitimos que entre en nuestra mente.

ÍNDICE

Queridos niños,

En este mundo tan diverso y complicado en el que crecen, quiero recordarles la importancia de conocer y entender la cosmovisión bíblica. Esta es como un faro de luz que los guía en los grandes asuntos de la vida. A través de ella, podrán tomar decisiones sabias y vivir una vida plena y significativa.

La cosmovisión bíblica les brinda fundamentos sólidos para tomar decisiones importantes. Les proporciona principios morales y éticos que les ayudarán a discernir entre el bien y el mal, basándose en valores como la verdad, la justicia y el amor. Esto les ayudará a enfrentar los desafíos que encuentren en su camino.

Vivimos en un mundo lleno de opiniones y filosofías contradictorias. Pero si conocen y comprenden la cosmovisión bíblica, podrán resistir las enseñanzas falsas y defender su fe. Serán capaces de discernir la verdad en medio de la confusión y mantenerse firmes en lo que creen. La cosmovisión bíblica también les ofrece respuestas a preguntas importantes sobre quiénes son y cuál es su propósito en la vida. Comprenderán que son seres creados por un propósito divino y eso les dará un sentido de dirección y propósito. A medida que enfrenten decisiones trascendentales, podrán tomarlas con confianza y seguridad.

Además, al entender la cosmovisión bíblica, podrán convertirse en agentes de cambio positivo en la sociedad. Vivirán de acuerdo con los principios que promueven la justicia, la compasión y la ética. Serán ciudadanos que impactarán de manera positiva en su entorno, contribuyendo a construir comunidades más justas y compasivas.

A través de la cosmovisión bíblica, estarán equipados para enfrentar los desafíos de la vida y se convertirán en personas comprometidas con la verdad, la justicia y el amor.

Con cariño,
Pam Viana B.

CAPÍTULO 1

¿QUÉ ES UNA COSMOVISIÓN?

IMPARTIR: Significa compartir información, conocimientos o enseñanzas con otras personas.

MANIFESTACIÓN: Se refiere a la aparición o presentación de síntomas, signos o características específicas que indican la presencia de una enfermedad o condición médica en una persona. Cuando alguien manifiesta una enfermedad, significa que está experimentando los efectos y síntomas asociados con esa enfermedad.

COMPRENSIÓN: Es cuando entendemos algo o a alguien, cuando podemos comprender o captar el significado de algo.

CONFLICTIVAS: Se refiere a situaciones o personas que pueden generar problemas o desacuerdos. Son situaciones en las que hay discusiones o peleas entre las personas involucradas.

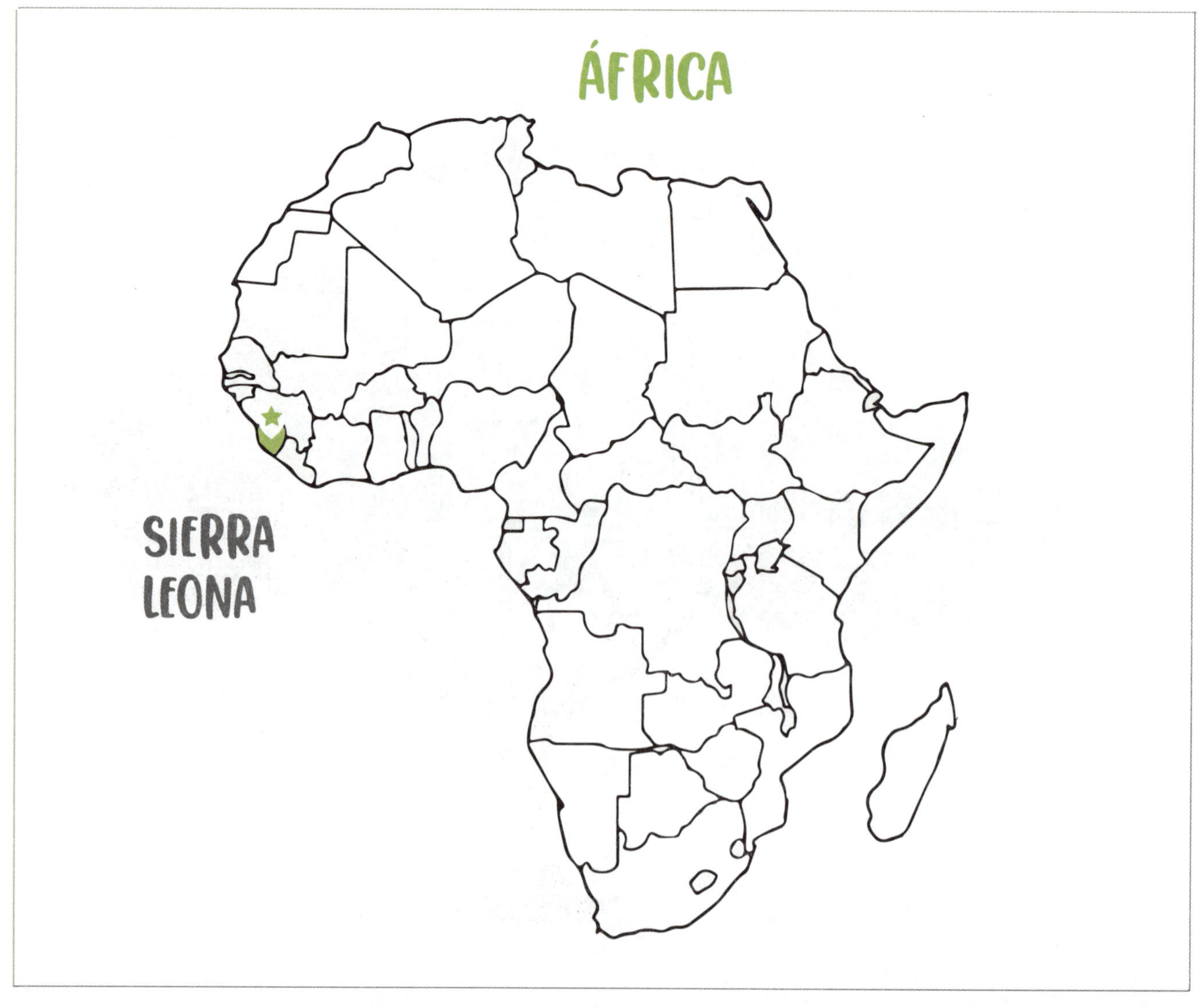

Josie trabajaba para las fuerzas de paz como enfermera en el hospital de la misión Serabu, **SIERRA LEONA, ÁFRICA OCCIDENTAL.** Acababa de **IMPARTIR** un curso de microbiología a diez estudiantes de enfermería en Sierra Leona. Todos ellos aprobaron sus exámenes. Demostraron comprender que los virus, las bacterias y otros organismos microscópicos causan ciertas enfermedades.

Después de comentar los resultados del examen final, un estudiante levantó la mano y preguntó:
—Señorita Josie, usted nos ha enseñado cómo se enferman los blancos, pero ¿desea saber cómo se enferma realmente la gente aquí?
—¿Cómo? —preguntó Josie intrigada.
—Las enfermedades aquí están relacionadas con las brujas. Son invisibles, vuelan por la noche y muerden a la gente por la espalda.

En ese momento, Josie se dio cuenta con tristeza que sus estudiantes en Sierra Leona pensaban que ella no entendía de qué hablaba al referirse a la causa de las enfermedades. Sus abuelas les habían enseñado que las brujas eran reales y que los blancos creían en los microorganismos.

Aunque la **MANIFESTACIÓN** de una enfermedad particular fuera la misma, Josie y sus alumnos tenían una **COMPRENSIÓN** distinta de su naturaleza y causa. Sus respectivas creencias se basaban en distintas cosmovisiones y generaban ideas **CONFLICTIVAS** acerca de la cura de las enfermedades.

En esta sesión descubriremos más acerca de las cosmovisiones: qué son, cómo operan y por qué es tan crucial para los seguidores de Jesucristo entenderlas y examinarlas.

De acuerdo a la lectura anterior, responde las siguientes preguntas:

1. ¿Por qué los estudiantes pensaron que Josie solo les había enseñado cómo se enferman los blancos?

2. ¿Cómo se puede observar en la vida de Josie la cualidad de compasión o misericordia de Jesucristo?

3. ¿Por qué Josie y sus alumnos tenían una comprensión diferente de la causa de las enfermedades?

4. ¿Cuál de las dos cosmovisiones acerca de las enfermedades crees que es la correcta y por qué?

Llena los espacios en blanco con las palabras claves que descubras.

¡Descubre la palabra clave! Encuentra la letra que corresponde a la forma de cada uno de los bombillos.

1. Un ______________________ es algo que se considera o se asume como cierto sin tener evidencia concreta o confirmación definitiva.

¡Descubre la palabra clave! Sigue el camino desde la estrella y recolecta las letras que encuentres en el camino.

2. La ______________________ se refiere a la forma en que una persona o grupo de personas entiende y percibe el mundo que les rodea. Es un conjunto de creencias y perspectivas que influyen en cómo vemos la realidad y cómo interpretamos las cosas que nos suceden. Nuestra cosmovisión afecta nuestra forma de pensar, sentir y actuar en la vida.

¡Descubre la palabra clave! Observa detenidamente cada hoja y encuentra la letra oculta en su interior.

3. La ____________________________________ se refiere a todo lo que existe y ocurre en el mundo, tanto lo tangible como lo intangible. Es la verdadera naturaleza de las cosas y eventos, independientemente de nuestras percepciones o creencias. La realidad es objetiva y se basa en hechos concretos y evidencia, no en opiniones o ilusiones. Es el estado real de las cosas tal como son, más allá de nuestras interpretaciones subjetivas.

En los siguientes cuadros dibuja con letra linda y creativa las 3 palabras claves que aprendiste.

Explica en tus propias palabras lo que significa.

Explica en tus propias palabras lo que significa.

Explica en tus propias palabras lo que significa.

—Maestro, ¿cuál es el mandamiento más importante en la ley de Moisés? Jesús contestó: —"Ama al Señor tu Dios con todo tu corazón, con toda tu alma y con toda tu mente". Este es el primer mandamiento y el más importante. Hay un segundo mandamiento que es igualmente importante: "Ama a tu prójimo como a ti mismo". Toda la ley y las exigencias de los profetas se basan en estos dos mandamientos.

Mateo 22:36-40

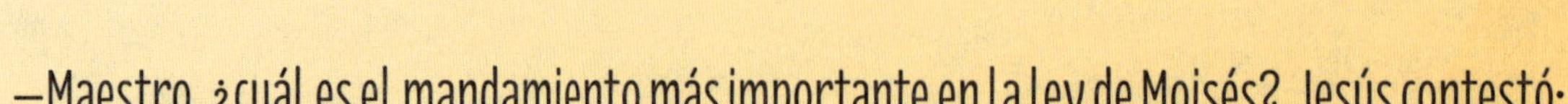 Ora, lee el versículo, subráyalo y contesta las siguientes preguntas.

1. ¿Cuál es el mandamiento más importante?

____

____

2. ¿Qué diferencia crees que hay entre amar a Dios con la mente y el corazón?

____

____

____

3. ¿Por qué crees que es importante amar a Dios con toda la mente, el alma y el corazón para poder amarnos a nosotros mismos y a los demás de la manera correcta?

____

____

____

____

____

LAS COSMOVISIONES FORMAN QUIENES SOMOS PORQUE DIRIGEN NUESTRAS ELECCIONES Y LA MANERA EN QUE VIVIMOS

Observa la ilustración anterior y contesta las siguientes preguntas:

1. ¿En qué parte del árbol encontramos la cosmovisión?

2. En la imagen del árbol, ¿qué cosas ves que están alimentando o formando la cosmovisión?

3. Observa bien el árbol y encuentra cuáles son los frutos de la cosmovisión.

4. ¿Por qué crees que es tan importante que un seguidor de Cristo tenga una cosmovisión bíblica?

Las mentiras contaminan nuestra cosmovisión y producen frutos con consecuencias malas, tristes y destructivas para nuestras propias vidas.

RECUERDA QUE LA COSMOVISIÓN ES LA MANERA EN QUE PENSAMOS, VEMOS O CREEMOS QUE FUNCIONA EL MUNDO.

1. ¿Por qué crees que es importante cuidar tu cosmovisión y protegerla de las mentiras?

____

____

____

2. ¿Por qué crees que las personas toman decisiones equivocadas, tienen actitudes negativas o se comportan de manera inapropiada?

____

____

____

3. Recuerda que la realidad proviene de Dios, Él es el único que conoce la verdad absoluta. ¿Cómo puedes entonces conocer la realidad y evitar confusiones?

____

____

____

Escribe o dibuja dentro del frasco las influencias que consideres positivas para formar tu cosmovisión cristiana, y fuera del frasco las influencias negativas o perjudiciales. Ejemplo: Leer la Biblia.

¿Qué es una
cosmovisión?

CAPÍTULO 2

COSMOVISIONES QUE ACTÚAN EN EL MUNDO

BENEFICENCIA: Significa hacer cosas buenas o ayudar a los demás sin esperar nada a cambio. Es cuando hacemos algo para ayudar a las personas que lo necesitan, como donar comida o ropa a los más pobres.

REDISTRIBUIR: Quitar para volver a distribuir.

JACTARSE: Es presumir o alardear de algo que hemos hecho o que tenemos. Es cuando hablamos mucho de nuestras habilidades o logros para que los demás nos admiren.

PERJUDICAR: Es causar daño o hacer que algo o alguien se sienta mal. Es cuando hacemos algo que puede lastimar a otra persona o causar problemas.

A principios del siglo XIX, las iglesias estaban muy involucradas en la **BENEFICENCIA**, y numerosas organizaciones cristianas se dedicaban a servir a los pobres y satisfacer sus necesidades físicas y materiales. Distribuyendo folletos y Biblias, trabajaban para lograr la transformación espiritual y personal de las personas a las que ayudaban. Los cristianos adoraban a un Dios que, a través de su muerte en la cruz, mostró el verdadero significado de la compasión: sufrir junto a los demás.

Sin embargo, a principios de la década de 1840, las cosas empezaron a cambiar en **NUEVA YORK.** Horacio Greeley, fundador y editor del periódico «New York Tribune», sostenía, en contra de la enseñanza bíblica, que la pobreza desaparecería mediante la **REDISTRIBUCIÓN** de la riqueza de los ricos a los pobres, de manera que todos recibieran una parte igual. Estas ideas se difundieron ampliamente en la sociedad estadounidense a través de una serie de debates periodísticos encabezados por Greeley y Henry Raymond, quien era un cristiano devoto y fundador del «New York Times».

En la década de los 60, el presidente Johnson se **JACTABA** de que «la eliminación de la pobreza estaba al alcance del Gobierno». A partir de entonces, se destinaron miles de millones de dólares a esta lucha gubernamental contra la pobreza.

Con el tiempo, los cristianos comenzaron a creer que atender a los pobres no era su responsabilidad, sino del Gobierno. Este sistema resultó **PERJUDICIAL** tanto para los pobres, al reducir su condición humana a meras bocas que debían ser alimentadas, como para los cristianos, cuya motivación y visión de compasión se vieron mermadas, reduciéndolas a un débil sentimiento de lástima que no los impulsaba a comprometerse personalmente con la vida de los pobres.

En esta sesión veremos cómo las cosmovisiones dominantes de una sociedad pueden afectar a las culturas, pero también pueden cambiar a medida que nuevas creencias reemplazan a las antiguas.

De acuerdo a la lectura anterior, responde las siguientes preguntas:

1. ¿Cuáles fueron las consecuencias de creer que el Gobierno es quien debe atender a los pobres y no los cristianos?

2. ¿Cuál es tu opinión sobre las acciones de los cristianos en el siglo XIX en relación con el cuidado de los pobres?

3. ¿Qué opinas acerca de las acciones de los cristianos en tu comunidad actual para atender a las personas en situación de pobreza?

4. ¿Por qué crees que Henry Raymond, a pesar de ser un cristiano devoto, participó en los debates para promover la idea de que el Gobierno es responsable de atender a los pobres?

Llena los espacios en blanco con las palabras claves que descubras.

Encuentra a quién le pertenece cada elemento y descubre la palabra clave. ¡Diviértete descubriendo quién es el dueño de cada cosa y descifrando la palabra secreta!

1. La _______________________________ es el conjunto de creencias, costumbres, conocimientos y comportamientos que comparten las personas en una sociedad. La cultura incluye aspectos como el arte, la música, la comida, las tradiciones y la forma en que las personas se relacionan entre sí.

Escribe la primera sílaba de cada alimento para descifrar la palabra clave.

2. _______________________________ Que tiene un mayor poder, influencia o control sobre algo. Se refiere a algo que es predominante o que tiene una posición superior en relación a otras cosas o personas. Puede referirse a una idea, una persona, un grupo o una fuerza que ejerce una influencia significativa y es más fuerte o más importante en comparación con otros.

En los siguientes cuadros dibuja con letra linda y creativa las 2 palabras claves que aprendiste.

Explica en tus propias palabras lo que significa.

Explica en tus propias palabras lo que significa.

No permitan que nadie los atrape con filosofías huecas y disparates elocuentes, que nacen del pensamiento humano y de los poderes espirituales de este mundo y no de Cristo.

Colosenses 2:8

Ora, lee el versículo, subráyalo y contesta las siguientes preguntas.

1. ¿Cómo son las filosofías que nacen del pensamiento humano?

2. ¿Qué dicen Los siguientes versículos sobre la sabiduria?
Proverbios 2:6

Proverbios 3: 13-14

La palabra «filosofía» proviene de dos palabras griegas: «phileo» que significa amor y «sophia» que significa sabiduría.

COSMOVISIONES QUE ACTÚAN EN EL MUNDO

NATURALISMO

Lo real es únicamente lo físico, lo que podemos, ver, tocar y comprobar por las leyes de la naturaleza. No existe Dios, los dioses o las cosas espirituales.

ANIMISMO

la realidad principal es espiritual, lo que significa que creen que hay espíritus en todo, incluso en las rocas, los árboles y otros elementos de la naturaleza. Lo curioso es que a veces hacen cosas de manera arbitraria o impredecible, sin seguir un plan específico.

TEÍSMO

Lo real es tanto lo físico como lo espiritual. Hay un solo Dios creador de todo pero es distante a las necesidades de los seres humanos. La vida humana es una combinación inseparable del cuerpo físico y el espíritu.

COSMOVISIÓN BÍBLICA

Hay una verdad auténtica que podemos conocer por la revelación de Dios a través de la Escritura, en la creación y está presente en todos los corazones. Con la cosmovisión bíblica, podemos ver el mundo como Dios lo creó y tener una vida saludable y fructífera porque él es el creador y autor de todo.

Busca los siguientes versículos, subráyalos y escribe qué nos dicen acerca de la verdad.

LA VERDAD...

Juan 17:17

Juan 8:31-32

Juan 14:6

Juan 16:13

Proverbios 23:23

CUIDÉMONOS DE LAS MENTIRAS...

Para tener una vida buena, libre y saludable, debemos alejarnos de las mentiras y creer en la verdad que Dios nos enseña. Las mentiras nos llevan a ser esclavos, pobres, corruptos y a la propia muerte. Como cristianos, es importante luchar contra las mentiras y siempre buscar la verdad. La mentira quiere ser la jefa en nuestra vida, pero nosotros debemos seguir a Dios y creer en lo que él dice.

¡Prepárate para una gran aventura! En esta misión emocionante, nuestro primer paso es convertirnos en expertos de la verdad que se encuentra en la Palabra de Dios. ¿Por qué? Porque así podremos descubrir las mentiras que el mundo nos dice y no dejarnos confundir.

LA MULTIPLICACIÓN DE IDEAS A TRAVÉS DE LA CULTURA

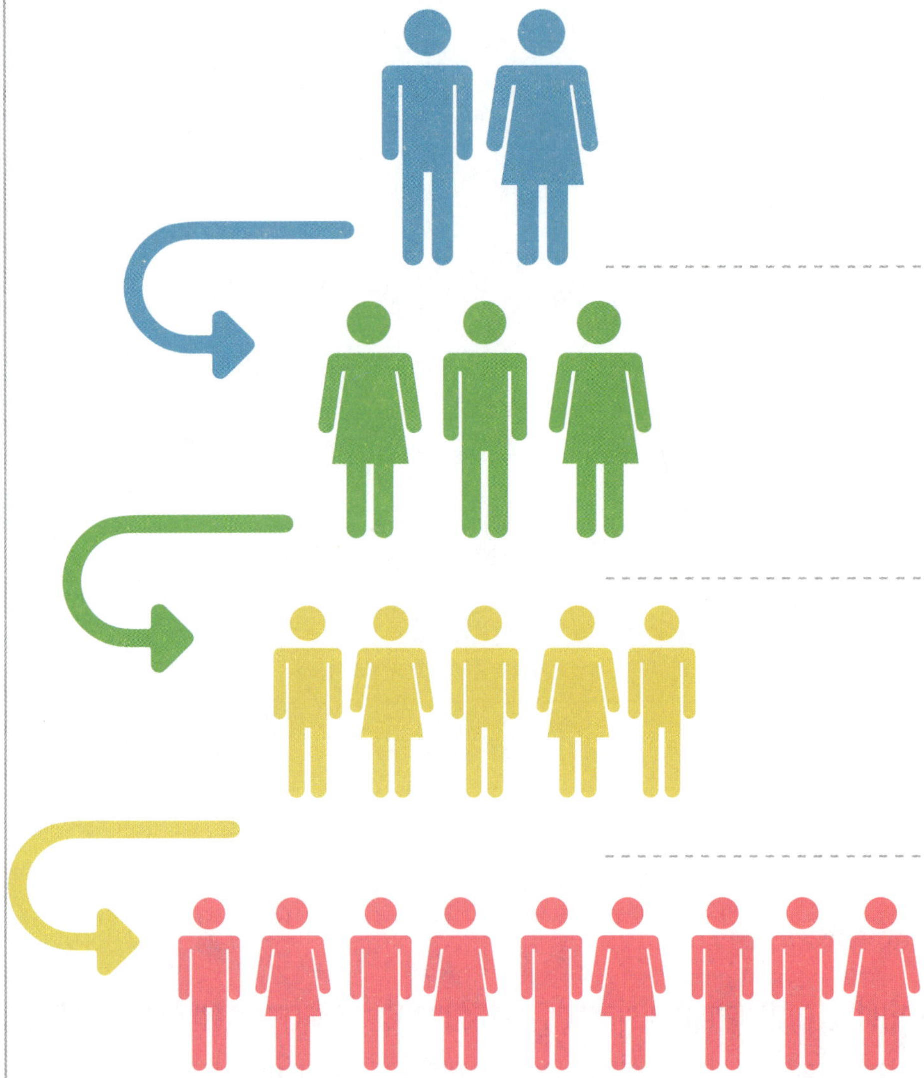

Las cosmovisiones cambian y se expanden constantemente por todo el mundo. De igual manera, la cosmovisión bíblica crece y se extiende en todas partes, especialmente a través del discipulado (educación) y de las familias que transmiten sus enseñanzas de generación en generación.

Podemos identificar las cosmovisiones dominantes, es decir, las formas de pensar de la mayoría en una sociedad, al observar lo que se enseña, la economía, las leyes y lo que se muestra en los medios de comunicación, entre otros aspectos.

1. Observa la imagen anterior y responde por qué crees que la siguiente frase es verdadera:

«PARA CONOCER CÓMO VIVIRÁN LAS SIGUIENTES GENERACIONES, SOLO NECESITAS MIRAR EL ARTE Y LA MÚSICA QUE HACEN HOY».

____

____

____

____

2. Busca una canción actualmente popular entre los jóvenes. Escucha atentamente la letra de la canción y trata de identificar posibles mentiras o ideas negativas que se promueven en ella.

____

____

____

____

3. A partir de la pregunta anterior, piensa en cómo sería la siguiente generación si esas mentiras se reflejaran en ellos. ¿Cómo afectaría su forma de pensar, actuar y relacionarse?

____

____

____

4. ¿Por qué crees que es tan importante tener cuidado con lo que ves, escuchas y las personas a las que admiras?

____

____

____

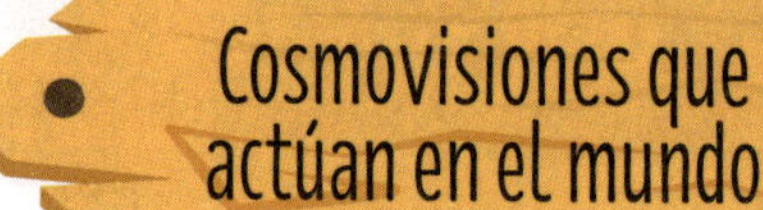
Cosmovisiones que
actúan en el mundo

LA ÚNICA VERDAD

TRASCENDENTAL: Algo que es extremadamente importante o fundamental, que va más allá de lo común u ordinario. Se refiere a algo de gran importancia y relevancia, que tiene un impacto significativo en la vida o en el pensamiento de las personas.

COTIDIANO: Se refiere a lo que ocurre o se realiza todos los días, a lo habitual o común en nuestra vida diaria. Son las actividades, tareas o situaciones que nos encontramos regularmente.

LEYES DEL UNIVERSO: Las leyes del universo son principios o reglas que gobiernan el funcionamiento y el comportamiento de todo lo que existe en el universo. Como las reglas que rigen el comportamiento de las estrellas, planetas, partículas y todas las fuerzas y energías que interactúan en el cosmos.

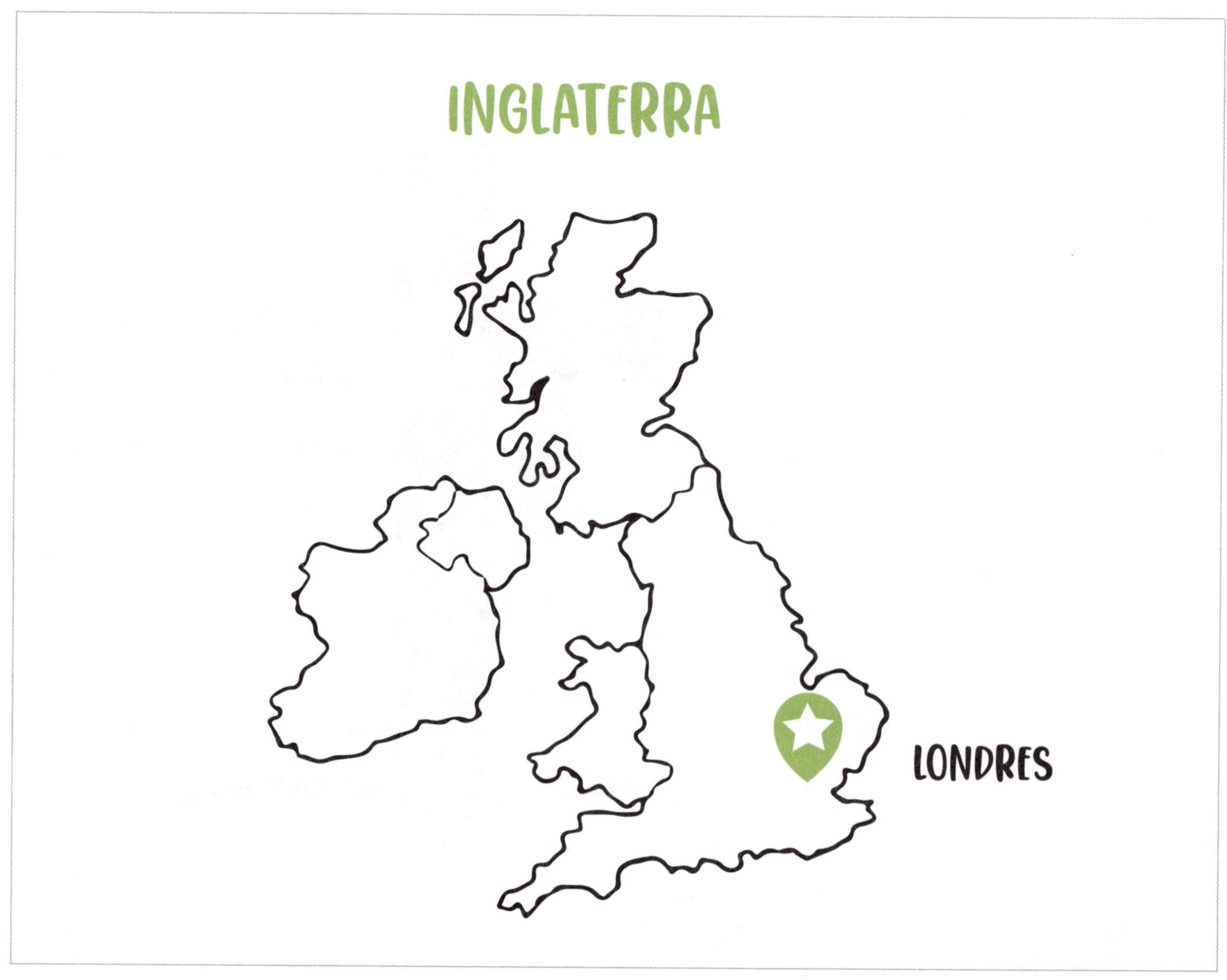

«¿Por qué esto? ¿Por qué aquello?». Los niños a menudo hacen esta pregunta, pero incluso en la edad adulta seguimos buscando respuestas sobre la existencia de las cosas, por qué funcionan de cierta manera o por qué suceden. La pregunta «¿por qué?» nos lleva tarde o temprano a las grandes cuestiones de la vida. Quizás la pregunta más **TRASCENDENTAL** sea «¿por qué existe el universo y cómo se originó?». La respuesta a esta pregunta revelará lo que una persona cree acerca de la realidad última, y eso afectará profundamente su vida **COTIDIANA**. La respuesta proviene de su cosmovisión, de su perspectiva de la realidad última.

Isaac Newton nació en **LONDRES, INGLATERRA**, en 1643, y falleció en 1727. ¡Era un científico muy inteligente! Pasaba mucho tiempo estudiando cosas como las estrellas, la luz y el funcionamiento del universo. Pero Newton no era solo un científico, también era profundamente religioso y creía en Dios. Pensaba que la ciencia y la fe podían ir de la mano, como amigos que se ayudan mutuamente.

Cuando Newton estudiaba la naturaleza y las **LEYES DEL UNIVERSO**, creía que estaba descubriendo cómo Dios había creado todo. Creía que Dios había establecido un orden en el mundo y que podíamos comprenderlo a través de la ciencia. Además de hacer increíbles descubrimientos científicos, como las leyes del movimiento y la gravedad, ¡Newton también tenía ideas interesantes sobre la Biblia! Pasaba tiempo estudiando las palabras de la Biblia y reflexionando sobre su significado.

Newton creía que la ciencia y la Biblia podían ayudarnos a entender mejor el mundo en el que vivimos. Para él, la ciencia era como una forma de explorar el gran libro de la creación de Dios.

En esta sesión examinaremos cuatro de estas cosmovisiones bíblicas transformadoras: (1) el universo es personal, (2) el universo es moral, (3) el universo es racional y (4) el universo exhibe unidad y diversidad.

De acuerdo a la lectura anterior, responde las siguientes preguntas:

1. ¿Por qué crees que es importante preguntarse el «¿por qué?» de las cosas?

2. ¿Cómo influye lo que creemos en nuestra vida cotidiana? Lee Proverbios 23:7 para ampliar tu respuesta.

3. ¿Por qué crees que Isaac Newton pensaba que la ciencia y la fe podían ser amigas y ayudarse mutuamente?

4. ¿Puedes dar ejemplos de cómo tener la imagen correcta de Dios puede ayudarnos a entender mejor el mundo que nos rodea?

La única verdad

ABECEDARIO CON LENGUA DE SEÑAS

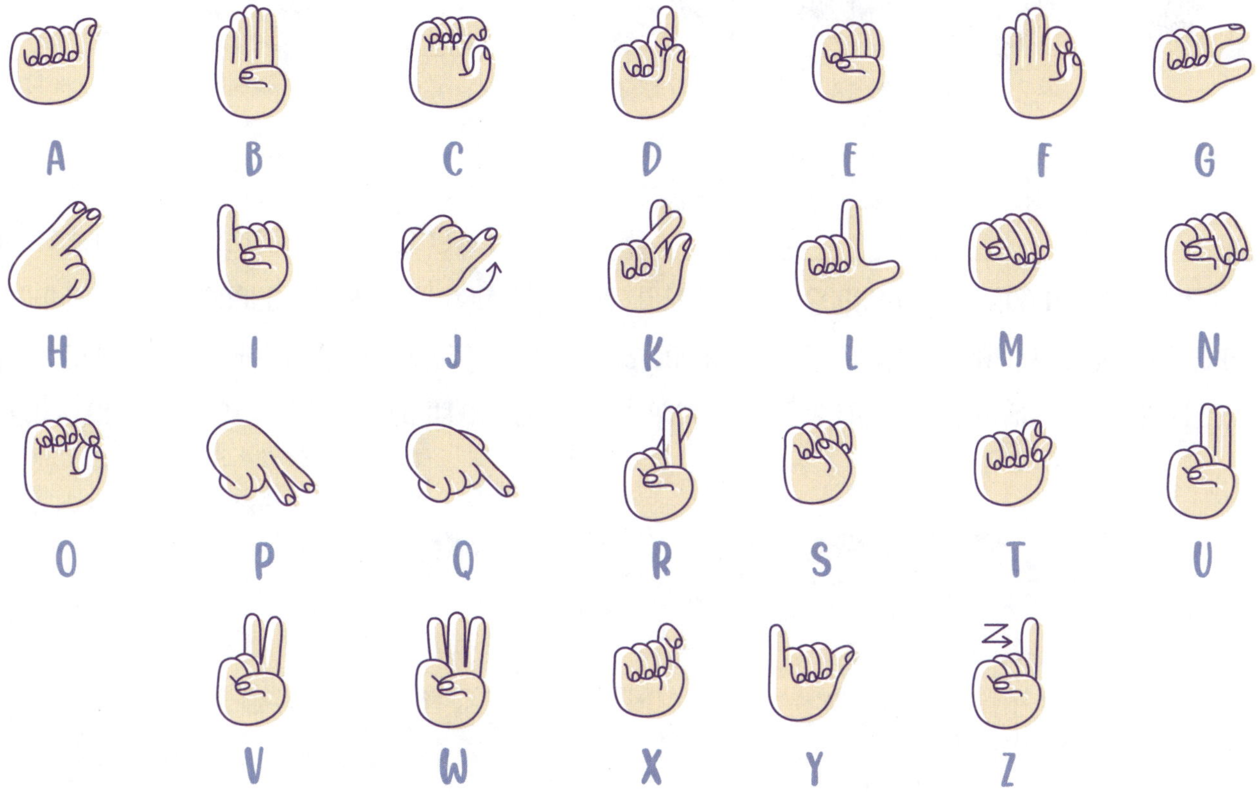

Decifra las palabras en lengua de señas, observa los gestos y movimientos de las manos para cada letra y palabra.

Llena los espacios en blanco con las palabras claves que descubras.

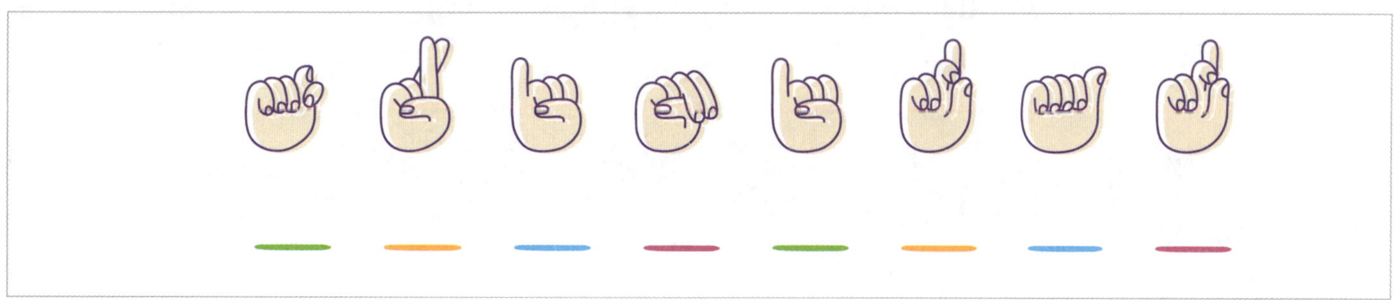

1. _______________________ La Biblia nos enseña que hay un único Dios. Al mismo tiempo, la Biblia menciona que hay tres personas en Dios: el Padre, el Hijo y el Espíritu Santo. Estas tres personas trabajan juntas como un equipo. Esta idea de Dios como tres en uno es algo especial del cristianismo y nos diferencia de las otras religiones. No significa que haya tres dioses. Es más bien «Dios tres en uno es». Las tres personas divinas trabajan juntas: el Padre comienza, el Hijo obedece y el Espíritu Santo cumple la voluntad de ambos.

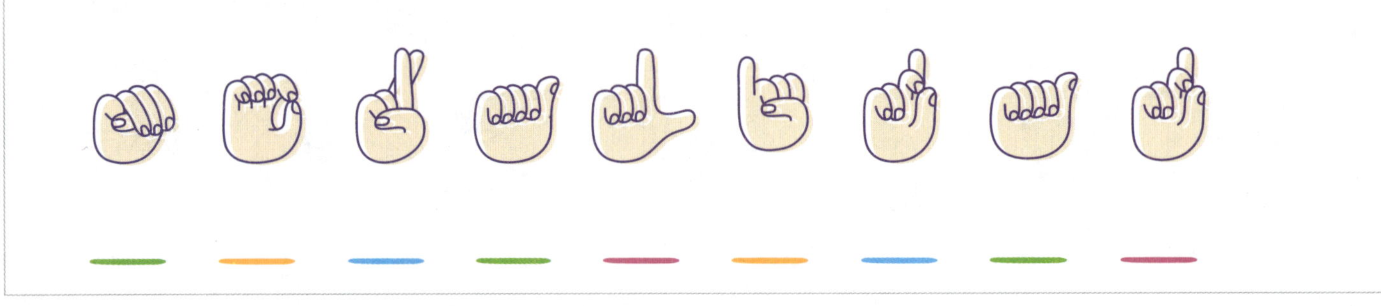

2. La ____ tiene que ver con lo que está bien o mal. La morali-dad se refiere a cómo nos comportamos siguiendo un código de conducta, ya sea bueno o malo. La moral se aplica a las acciones y pensamientos buenos, mientras que «inmoral» se refiere a lo malo. Dios es quien establece el estándar de lo que es correcto o incorrecto. Se basa en su naturaleza y se revela en la Biblia.

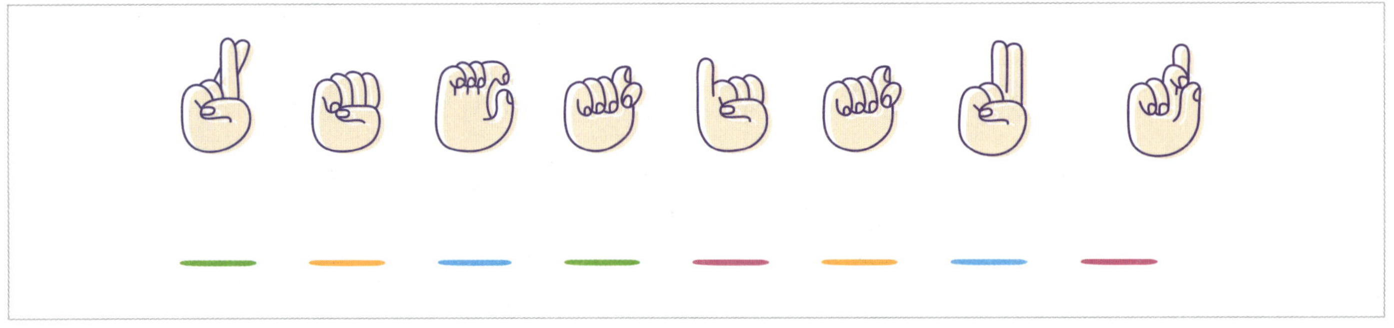

3. _________________________________ Se refiere a hacer lo correcto o actuar de manera justa y honesta. Cuando decimos que alguien tiene rectitud, estamos hablando de una persona que tiene un fuerte sentido de la moral y que se esfuerza por seguir principios y valores éticos. Una persona recta es alguien que elige el camino correcto, evitando acciones incorrectas o deshonestas.

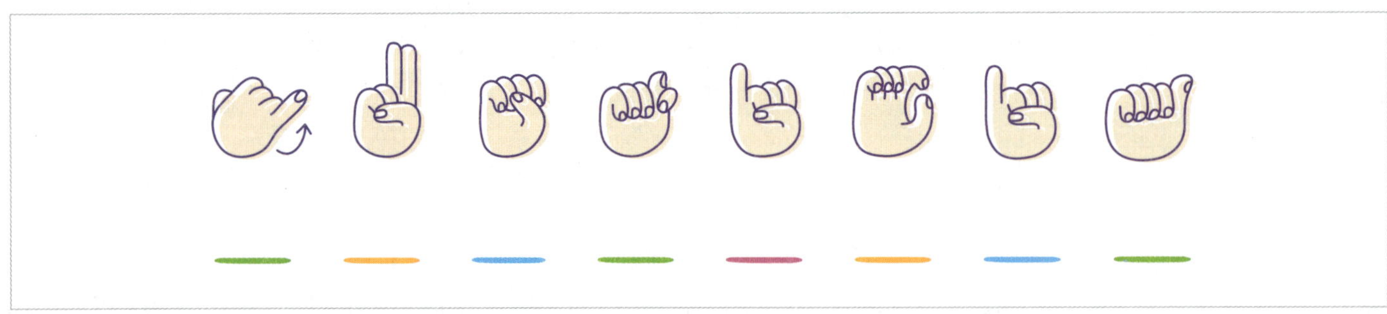

4. _________________________________ Se refiere a un orden o forma de actuar en la que cada persona recibe lo que se merece según sus acciones, sin afectar los derechos de los demás. Cuando decimos que Dios es justo, significa que actúa de manera imparcial y equitativa. Él no muestra favoritismo y se preocupa por todas las personas de igual manera. Además, Dios sigue consistentemente las leyes y estructuras que ha establecido para la vida en su creación. Estas leyes son universales y se aplican a todos por igual.

En los siguientes cuadros dibuja con letra linda y creativa las 4 palabras claves que aprendiste.

Explica en tus propias palabras lo que significa.

Explica en tus propias palabras lo que significa.

Explica en tus propias palabras lo que significa.

Explica en tus propias palabras lo que significa.

5. ________________________ es lo contrario al bien, y también se opone a Dios, que representa el bien. Cuando hacemos cosas malas, vamos en contra de cómo el universo fue creado para funcionar. Hacer el mal significa separarse de Dios y despreciar la realidad. A esto se le llama «pecado».

Hay dos tipos de mal: el mal moral, que proviene de las acciones malas que elegimos hacer; y el mal natural, que son cosas malas que ocurren en la naturaleza, como enfermedades, inundaciones y terremotos. Dios nos dio libertad para elegir entre hacer el bien o el mal, pero él odia el mal y promete castigarlo. A pesar del mal que existe en el mundo, su plan redentor triunfará finalmente sobre él.

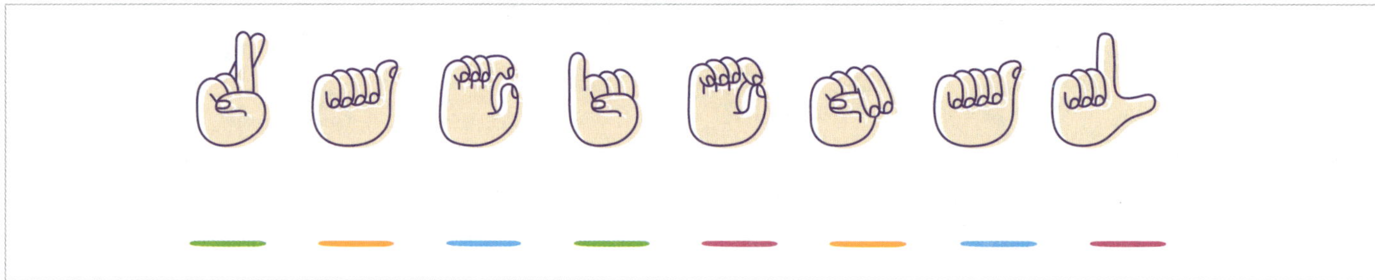

6. ________________________ significa pensar de manera ordenada y con un propósito. Los seres humanos somos criaturas racionales porque tenemos la capacidad de pensar en las cosas de manera organizada y con un propósito. El universo también es racional porque muestra señales de orden y propósito. Lo opuesto a ser racional es ser absurdo, irracional, sin sentido o caótico.

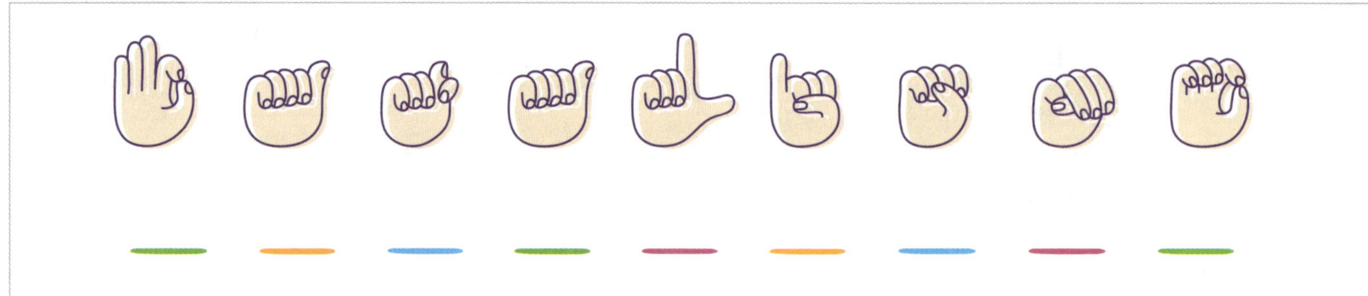

7. ________________________ es una forma de pensar que dice que todos los eventos o sucesos están predeterminados y planeados de antemano por el destino, Dios o los dioses. Según el fatalismo, debemos aceptar estos eventos porque creen que no tenemos la capacidad de cambiarlos.

Dibuja con letra linda y creativa las 3 palabras claves que aprendiste.

Explica en tus propias palabras lo que significa.

Explica en tus propias palabras lo que significa.

Explica en tus propias palabras lo que significa.

Dios, en el principio creó los cielos y la tierra.
Génesis 1:1 (RVC)

Ora, lee el versículo y contesta las siguientes preguntas.

1. ¿Quién existía antes de los cielos y la tierra?

2. ¿Qué hizo Dios? ¿Qué te enseña esta acción acerca de Dios y de su carácter?

3. ¿Cómo se originó el universo? ¿Por qué crees que esta información es tan importante para entender la verdad sobre todo?

Dios creó el universo físico por medio de su palabra hablada, existía en su mente antes de ser creado. El universo debe su existencia al divino Creador que lo sustenta en todo momento. La realidad última radica en la existencia de Dios. Toda la creación y los seres creados apuntan a él.

VERDADES TRANSFORMADORAS SOBRE EL UNIVERSO

ES PERSONAL

Dios extiende su amor a toda la creación, principalmente a los seres humanos, a quienes creó a su imagen. Él nos ama profundamente. Vemos este amor en Jesucristo y en su sacrificio en la cruz.

Cuando seguimos el ejemplo de Jesús y amamos a los demás, experimentamos la plenitud de ser humanos y vivir plenamente. Dios nos diseñó para amar y ser amados. El universo es personal, y en su centro encontramos a un Dios de amor.

ES RACIONAL

La observación diaria de la creación de Dios nos revela un universo organizado y con propósito, gobernado por leyes naturales.

Desde el gran espectáculo del cosmos hasta en las pequeñas células vivas, vemos un diseño increíble.

No vivimos en un universo caótico donde todo es aleatorio. Por el contrario, el universo funciona con una precisión asombrosa. Este orden da las bases de la ciencia y el descubrimiento. El orden y el diseño de la creación, revelados a través de las leyes naturales, son evidencia de la existencia de un Dios ordenado, racional y creador de todo.

ES MORAL

Dios es amoroso, pero la Biblia también nos enseña que es perfecto, justo y santo. Con base en estos atributos, Dios creó un universo moral en el que existen el bien y el mal. Estableció normas absolutas e inmutables de lo que es bueno y malo. Estas normas son válidas para todas las personas en todos los tiempos.

TIENE UNIDAD Y DIVERSIDAD

Dios es especial porque existe como tres personas en una. Esto nos muestra que en Él hay unidad y diversidad, al igual que en su creación. En el universo hay muchas estrellas, planetas y formas de vida diferentes, como plantas, animales y personas. Cada una de estas cosas es única y especial, y todas se complementan para formar el universo.

En el mundo hay muchas culturas con diferentes idiomas, y hombres y mujeres que son distintos pero igualmente valiosos. A pesar de todas estas diferencias, la Biblia nos enseña que todos tenemos el mismo origen y hemos sido creados a imagen de Dios. Esto significa que, aunque nos veamos diferentes, todos somos iguales y tenemos un valor especial.

Es importante recordar que nuestra unidad y nuestra diversidad provienen de Dios, quien nos creó con amor.

Busca en tu Biblia los versículos y aprende más acerca de estas verdades transformadoras, úsalos para escribir en tus propias palabras los 4 aspectos que aprendiste del universo.

EL UNIVERSO ES PERSONAL PORQUE DIOS...

Juan 14:21
Romanos 8:35-39
1 Juan 3:16
1 Juan 4:9-10, 19
Romanos 5:8

EL UNIVERSO ES MORAL PORQUE DIOS...

Deuteronomio 32:4
Isaías 5:16
Romanos 1:18
1 Juan 1:5

EL UNIVERSO ES RACIONAL PORQUE DIOS...

Salmos 104:24
Salmos 136:4-9
Romanos 1:20

EL UNIVERSO ES UNO Y DIVERSO AL MISMO TIEMPO PORQUE DIOS...

Génesis 1:27
Hechos 17:26
1 Corintios 12:4-6
Marcos 10:6-9

AMA A LOS DEMÁS

¿Cómo puedes hacer para mostrar amor aún a las personas que no son amables contigo? Escribe algunos actos de amor que puedes realizar esta semana para mostrar amor a los demás.

GUÍATE POR LA VERDAD

¿Qué puedes hacer para no dejarte confundir y tener una vida guiada por la verdad?

Busca una brújula y ubica el norte, luego cambia de posición, puedes dar vueltas, caminar, correr y verás que no importa cuánto cambies tú de posición, el norte nunca cambia. Imagina que Dios es como una brújula moral, no importa cuánto cambie todo a nuestro alrededor, su guía no cambia, sus normas y leyes son absolutas, son las mismas, nos apuntan siempre al bien y nos alejan del mal.

DESCUBRE EL ORDEN DEL MUNDO

Sal al aire libre y busca un lugar tranquilo en la naturaleza, como un parque o un jardín. Elige un elemento de la naturaleza que te parezca interesante, como una flor, una hoja o un insecto y dibuja detalladamente el elemento.

1. ¿Qué detalles del elemento que elegiste te hicieron pensar en un diseño cuidadoso?

2. ¿Cómo crees que el orden y el propósito en la naturaleza demuestran la existencia de un Creador?

3. ¿Qué otras cosas en la naturaleza te hacen pensar en el orden y el propósito?

APRECIA LA DIVERSIDAD

¿Qué puedes hacer para aprender más sobre diferentes culturas y formas de vida, y cómo puedes mostrar amor, respeto y valorar las diferencias entre las personas?

PUNTO DE VISTA BÍBLICO DE LA HUMANIDAD

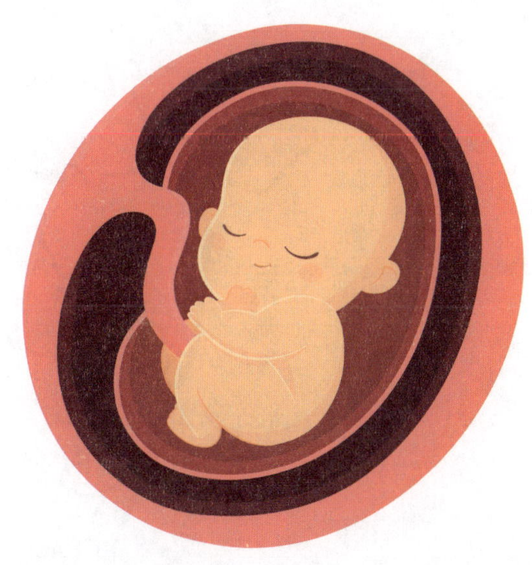

INCONCEBIBLE: Es algo que resulta difícil o imposible de comprender, entender o imaginar debido a su naturaleza extraordinaria, excepcional o inusual.

FORASTERO: Es una persona que es considerada ajena o extranjera en un lugar determinado. Generalmente, se refiere a alguien que no es originario de ese lugar y que se encuentra de visita o de paso.

CONCEPCIÓN: Se refiere al proceso de fertilización en el cual un óvulo es fecundado por un espermatozoide, dando origen a un embrión.

IMPREDECIBLE: Es aquel o aquello que no se puede prever o anticipar con certeza. Se caracteriza por su naturaleza cambiante, volátil o inestable, lo que dificulta la capacidad de hacer predicciones o pronósticos precisos.

Malcolm Muggeridge recuerda un encuentro con la Madre Teresa, la famosa misionera de **CALCUTA, INDIA**, quien le preguntó: «¿No hay demasiada gente en la India? ¿Vale la pena salvar a unos pocos niños abandonados?». Estas preguntas reflejaban la opinión de muchos ingleses y personas en todo el mundo. A Malcolm le resultó difícil responder a estas preguntas, ya que para la Madre Teresa era **INCONCEBIBLE** pensar que pudiera haber demasiados niños en algún lugar, al igual que sugerir que podría haber demasiadas flores en el bosque o estrellas en el cielo.

«Al final de la vida», explicó la Madre Teresa, «no seremos juzgados por los diplomas obtenidos, el dinero acumulado o las proezas realizadas. Seremos juzgados por las palabras de Jesús: "Tuve hambre y me diste de comer; tuve sed y me diste de beber; fui **FORASTERO** y me diste alojamiento" (Mateo 25:35)... Los pobres son la persona de Cristo disfrazada de aflicción».

Cada vida humana, desde el momento de la **CONCEPCIÓN** hasta el último suspiro, tiene un valor y una dignidad inmensos. Dios creó a los seres humanos a su imagen y ama profundamente a cada individuo, sin importar su sexo, riqueza, raza, casta, religión o discapacidad. Esta perspectiva bíblica produce cambios extraordinarios en las sociedades, como la abolición de la esclavitud, un mejor trato a los niños, el cuidado prenatal y el cuidado de los moribundos, así como el servicio a los pobres, los quebrantados y los marginados.

No todas las perspectivas del mundo son así. Por ejemplo, el naturalismo niega la existencia de lo espiritual y considera a las personas como meras máquinas sin espíritu ni libre albedrío. Por otro lado, algunas formas de animismo ven a los seres humanos como víctimas de un mundo espiritual **IMPREDECIBLE**. Tanto el naturalismo como el animismo son mentiras destructivas que, en última instancia, conducen a la desesperanza, el fatalismo y la muerte.

En esta sesión, estudiaremos cinco verdades bíblicas y su poder para transformar vidas y naciones.

De acuerdo a la lectura anterior, responde las siguientes preguntas:

1. ¿Qué cambios en la sociedad trae consigo la cosmovisión bíblica?

2. ¿Cómo crees que te puedes involucrar en proteger la vida desde la concepción hasta su último suspiro?

3. ¿Por qué no es correcto el pensamiento de que «hay muchos seres humanos en el mundo»?

4. ¿Por qué tanto el naturalismo como el animismo son mentiras destructivas para la sociedad?

Llena los espacios en blanco con las palabras claves que descubras.

Ubica los números del 1 al 4 en cada recuadro. Observa de izquierda a derecha para asegurarte de que no se repita ningún número en la fila completa, y también de arriba hacia abajo para confirmar que no se repita en la columna donde lo ubicas.

S _ _ _ _ _ O
  4 1 2 4 3

1. Lo ________________________ está apartado para servir a Dios o a su obra. Está consagrado a él. Algo que ha sido dedicado o entregado completamente a Dios. Es cuando algo o alguien es puesto aparte y considerado especial para ser usado en el servicio a Dios.

SI _ _ U _ A _
  1 2 3 4

2. Lo ________________________ se refiere a algo único, extraordinario o diferente de lo común. Algo que es único y diferente de todo lo demás. Algo que no tiene otro igual o similar.

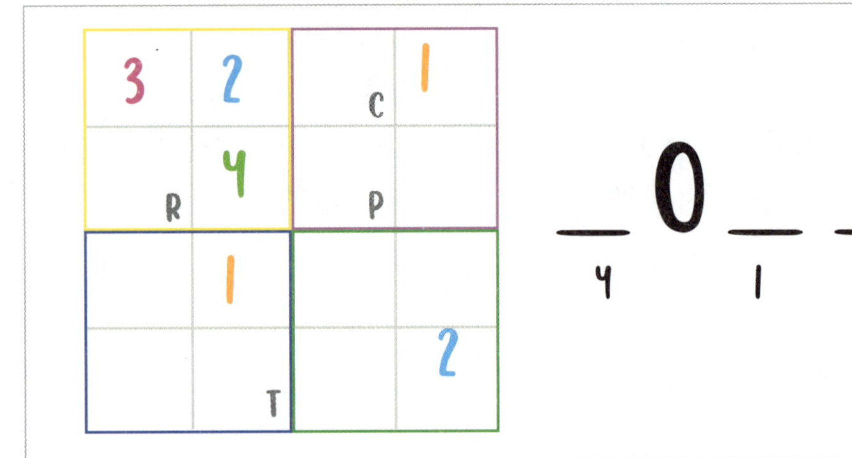

3. ______________________ es algo roto, separado o disuelto. Se refiere a algo que ha sido cambiado de bueno a malo, viciado o depravado. También es algo desperdiciado y estropeado. La corrupción puede profanar, contaminar, pervertir y seducir del bien al mal.

En los siguientes cuadros dibuja con letra linda y creativa en cada recuadro una de las 3 palabras claves que aprendiste.

Explica en tus propias palabras lo que significa.

Explica en tus propias palabras lo que significa.

Explica en tus propias palabras lo que significa.

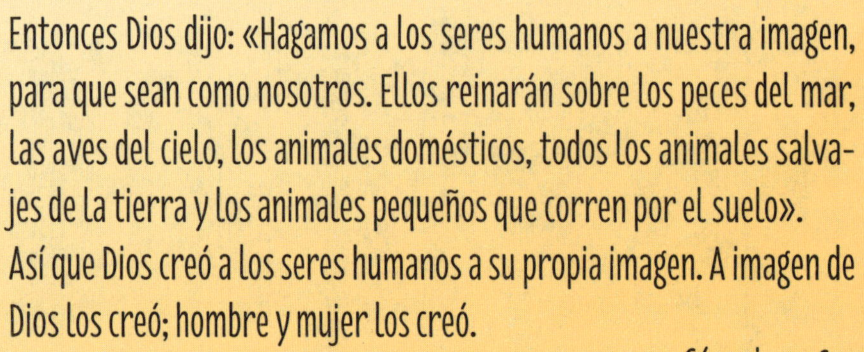

Ora, lee el versículo, subráyalo y contesta las siguientes preguntas.

1. ¿En qué se diferencia la humanidad del resto de la creación?

2. ¿Qué significa haber sido creado a la imagen de Dios? Para responder mejor lee la siguiente definición de «imagen» y luego contesta. Imagen: Una representación o semejanza de cualquier persona o cosa, formada de una sustancia material; como una imagen labrada en piedra, madera o cera.

3. ¿Para qué fueron creadas las personas?

____

____

____

4. Dios creó la humanidad, tanto al hombre como a la mujer, a su imagen. ¿Por qué crees que eso nos muestra que para Dios los dos tienen el mismo valor?

____

____

____

Dibuja un hombre y una mujer.

Lee todas las afirmaciones y encuentra la verdad transformadora a la que pertenece. Escribe el número correspondiente en el círculo.

Hay una enorme diversidad que Dios quiere que apreciemos y celebremos. Él creó dos sexos bien definidos: el hombre y la mujer. La huella digital, por ejemplo, nos muestra que somos únicos e irrepetibles. Dios nos creó de manera especial a cada uno de nosotros.

El trabajo fue diseñado por Dios antes de la caída del ser humano. Esto nos enseña que el trabajo es sagrado. Dios tiene preparada una tarea especial y única para cada uno de nosotros y nos ha dado los dones y talentos necesarios para llevarla a cabo.

Dios nos creó y nuestras vidas le pertenecen. La vida es sagrada porque proviene de Dios y debe ser respetada desde el momento de la concepción hasta la muerte natural.

TODOS, al tener el mismo valor para Dios, hemos recibido de Él derechos inalterables como: la vida, la libertad y la búsqueda de la felicidad.

El naturalismo niega la existencia del mal, atribuyendo los comportamientos violentos, antisociales o ilegales de las personas a factores sociales o económicos dañinos.

Por otro lado, el animismo reconoce la realidad del mal, pero cree que su origen son los espíritus malignos que causan desastres naturales, hambre, enfermedades y muerte. Sin embargo, no ofrece una solución adecuada.

Solo la cosmovisión bíblica muestra que la fuente del mal humano radica en el corazón caído del hombre. Al mismo tiempo, nos ofrece esperanza en Jesucristo para transformar el corazón humano y para redimir, sanar y restaurar todas las cosas.

Busca en tu Biblia los versículos que aparecen en cada imagen y subráyalos.

1 Samuel 2:6

¿Qué significa para ti que Dios es dueño de la vida y la muerte?

Sal 139:13-16

¿Porqué crees que es importante saber que Dios nos creó a todos?

Gn 5:1-2

¿Para qué nos creó Dios a todos?

Pr 6: 6-11

¿Cómo quiere Dios que hagamos nuestro trabajo?

Jn 3:16-17

¿Qué te dicen estos pasajes acerca del valor de toda vida humana?

Haz una investigación para descubrir si en tu cultura se cumplen estas 5 verdades que aprendimos sobre la humanidad o si se hacen y enseñan cosas diferentes. Puedes, en compañía de tus padres, ver noticias, libros, programas de televisión, películas o revistas, diferentes medios de comunicación e incluso la publicidad que está a tu alrededor, te servirá para esta investigación. Escribe lo que encontraste.

¿Por qué crees que tu vida tiene valor?

¿Por qué crees que Dios nos hizo a todos diferentes?

¿Crees que pueden exitir personas más valiosas que otras? ¿Por qué?

¿Cómo crees que Dios quiere que disfrutemos esa diversidad?

Responde las siguientes preguntas:

Dios no quiere que seas como nadie más, Él te hizo único y especial. ¿Cómo te hace sentir esa verdad?

¿Cómo crees que podemos celebrar la singularidad que Dios nos dió?

¿Por qué crees que hay personas que ven el trabajo como un castigo?

¿Por qué crees que el trabajo es sagrado?

Lee Romanos 1: 28-32 ¿Por qué crees que podemos afirmar que nuestra cultura es pecaminosa?

Lee Romanos 3:24 ¿qué esperanza nos da la palabra de Dios?

LA GLORIA DE LA CREACIÓN

DEVOTO: Una persona que dedica su tiempo y esfuerzo a adorar y servir a Dios o a una deidad. Alguien que muestra una fuerte devoción o religiosidad.

TELÉGRAFO: Un aparato que utiliza señales eléctricas para comunicarse a grandes distancias.

INTIMAR: Establecer una relación cercana o íntima con alguien, compartir pensamientos y sentimientos personales de manera profunda y confidencial. Es el acto de acercarse emocionalmente a otra persona, creando un vínculo estrecho y una mayor comprensión mutua.

APLACAR: Calmar o tranquilizar una situación o una emoción intensa. Reducir o atenuar la intensidad de algo, especialmente cuando se trata de enojo, dolor o aflicción.

George Washington Carver, desde joven, parecía destinado al fracaso. Nació en una plantación de **MISSOURI** alrededor de 1864, en una familia de esclavos. Su padre murió poco después de su nacimiento y su madre fue secuestrada y asesinada por asaltantes de esclavos. A pesar de ser huérfano y vivir en la pobreza, Carver se convirtió en un destacado educador e investigador agrícola.

Desde temprana edad, Carver mostró interés por las plantas. Como era un cristiano **DEVOTO,** memorizó el versículo de Génesis 1:29 que dice: «También les dijo: "Les doy de la tierra todas las plantas que producen semilla, y todos los árboles que dan fruto con semilla; todo esto les servirá de alimento"». Comentando este versículo, escribió: «"He aquí" significa mirar, buscar, hallar... Para mí, esto es lo más maravilloso de la vida». Para él, la naturaleza en todas sus formas era como una ventana a través de la cual Dios nos permite **INTIMAR** con Él y contemplar su gloria. Carver pensaba que la naturaleza era como una estación de **TELÉGRAFOS** sin cables a través de la cual Dios nos habla cada día, hora e instante de nuestra vida.

Carver tenía una mentalidad basada en la verdad bíblica al acercarse a la creación de Dios. Veía la naturaleza como un libro que revelaba al Creador, así como el diseño y el propósito de su creación. Cuando descubría el propósito de algo en la naturaleza, se esforzaba por darle una aplicación práctica. Cuando un reportero agrícola le preguntó qué lo motivaba a estudiar los cacahuates, Carver respondió:

«Una vez tomé un puñado de cacahuates y los observé. Exclamé: "Gran Creador, ¿por qué hiciste el cacahuate? ¿Por qué?" Entonces, con mi conocimiento de química y física, comencé a analizar los componentes del cacahuate. Separé el agua, la grasa, el aceite, la goma, la resina, el azúcar, el almidón y los aminoácidos. ¡Estaban todos ahí! Luego probé múltiples combinaciones de esas sustancias bajo diferentes condiciones de temperatura y presión. ¡Obtuve 202 productos!».

Este trabajo inicial de Carver condujo a la creación de 325 productos derivados del cacahuate, más de cien productos de batatas y varios cientos de productos de otras plantas comunes en el sur de los ESTADOS UNIDOS. Para Carver, las verdades transformadoras de su cosmovisión bíblica abrieron la puerta a descubrimientos sorprendentes.

Desafortunadamente, otras cosmovisiones ampliamente aceptadas en el mundo moderno no consideran que el universo haya sido diseñado por un brillante Creador. El naturalismo sostiene que el universo físico existe por sí mismo, sin un diseño o propósito, ya que no hay diseñador. La apariencia de diseño es solo una ilusión. Por otro lado, el animismo ve el mundo físico como el hogar de espíritus, y para cultivar la tierra, la gente debe negociar y APLACAR a esos dioses. Incluso en la actualidad, un misionero bienintencionado que cava un pozo durante una sequía puede ser detenido porque se considera que está «molestando a los espíritus que habitan debajo de la tierra».

En esta sesión, aprenderemos cómo nuestra cosmovisión bíblica tiene un impacto positivo en nuestra relación con la creación. Primero, la vemos como un «sistema abierto» donde se pueden descubrir recursos y generar abundancia. Segundo, creemos que los seres humanos ejercen dominio sobre la naturaleza. Y tercero, como mayordomos designados por Dios, disfrutamos, cuidamos y preservamos la naturaleza.

De acuerdo a la lectura anterior, responde las siguientes preguntas:

1. ¿De qué manera nuestra cosmovisión bíblica afecta nuestra relación con la naturaleza y el mundo que nos rodea?

2. De acuerdo con el ejemplo que George W. Carver nos da, ¿cómo los cristianos debemos entender la naturaleza?

3. Si no hubiera un propósito en la naturaleza, como dice el naturalismo, ¿cómo crees que eso afectaría la forma en que cuidamos y tratamos la Tierra? ¿Crees que lo haríamos como Dios nos manda en Génesis 1:28?

4. ¿Qué sucedería en una visión animista, si los dioses no quieren que se cultive la tierra?

Llena los espacios en blanco con las palabras claves que descubras.

Busca las sílabas correspondientes a la hora y los minutos en el reloj. ¡Descubre las palabras claves!

1. _______________________________ viene de la palabra hebrea «radah» que significa reinar o gobernar. Ejercer autoridad o control total sobre personas, cosas o territorios.

2. _______________________________ describe la totalidad de la creación de Dios que incluye el ámbito espiritual y el físico, incluidos el universo, la tierra y todas sus partes. En este capítulo usaremos también la palabra «creación» para referirnos a lo mismo.

3. _______________________ es la respondabilidad que tienen los seres humanos como administradores de los recursos de Dios. Dios tiene el dominio último sobre su creación, pero él encargó a los hombres y mujeres que la administraran, cuidaran y preservaran con esmero en su nombre (Gn 1:26-28; 2:15).

En los siguientes cuadros dibuja con letra linda y creativa las 3 palabras claves que aprendiste.

Explica en tus propias palabras lo que significa.

____

____

____

Explica en tus propias palabras lo que significa.

Explica en tus propias palabras lo que significa.

La gloria de la creación

Luego Dios los bendijo [a Adán y Eva] con las siguientes palabras: «Sean fructíferos y multiplíquense. Llenen la tierra y gobiernen sobre ella. Reinen sobre los peces del mar, las aves del cielo y todos los animales que corren por el suelo».

Entonces Dios dijo: «¡Miren! Les he dado todas las plantas con semilla que hay sobre la tierra y todos los árboles frutales para que les sirvan de alimento. Y he dado toda planta verde como alimento para todos los animales salvajes, para las aves del cielo y para los animales pequeños que corren por el suelo, es decir, para todo lo que tiene vida»; y eso fue lo que sucedió.

Entonces Dios miró todo lo que había hecho, ¡y vio que era muy bueno!

Génesis 1:28-31

Ora, lee el versículo, subráyalo y contesta las siguientes preguntas.

1. ¿Cómo bendijo Dios a los primeros seres humanos, Adán y Eva?

____

____

____

____

2. Enumera las tareas que Dios mandó a Adán y Eva que hicieran.

1. ____

2. ____

3. ____

3. Lee con atención los versículos 29 y 30 y escribe todo lo que Dios le dió a Adán y Eva.

4. Dios miró todo lo que hizo y dijo que era bueno ¿Por qué crees que es importante saber esta verdad?

5. Busca unas hojas que sean diferentes y algunas semillas y pégalas en el siguiente recuadro.

TÉRMINOS CLAVES

lee todas las afirmaciones y encuentra a qué verdad transformadora pertenece. Escribe el número correspondiente en el círculo.

VERDADES TRANSFORMADORAS SOBRE LA CREACIÓN

1. DIOS CREÓ EL UNIVERSO A TRAVÉS DE SU PALABRA
2. LA CREACIÓN NOS PERMITE DESCUBRIR RECURSOS Y GENERAR ABUNDANCIA
3. LOS HOMBRES Y LAS MUJERES EJERCEN DOMINIO SOBRE LA NATURALEZA
4. COMO MAYORDOMOS DE LA NATURALEZA, DEBEMOS DISFRUTARLA, CUIDARLA Y PRESERVARLA.

Los hombres y las mujeres son los administradores de la creación de Dios. Él les dio el mandato de ejercer dominio sobre ella y les enseñó que les ha dado inteligencia, creatividad y la capacidad de entenderla para poder cuidarla y administrarla. ◯

El hombre y la mujer tienen la capacidad única de tomar los recursos que hay en la creación de Dios y organizarlos de manera innovadora, para soñar, crecer y producir en abundancia. ◯

Dios nos ha dado la responsabilidad de trabajar en ella y cuidarla. La palabra «trabajo» significa progreso, pero también debemos encontrar un equilibrio entre el trabajo y el cuidado de la naturaleza.
¡Tenemos el mandato de proteger la naturaleza! ◯

El diseño de la creación revela la belleza y el orden en la mente del Creador.
En la creación podemos ver cómo se unen el arte y la ciencia.

Toda la creación espera que descubramos su potencial oculto. ◯

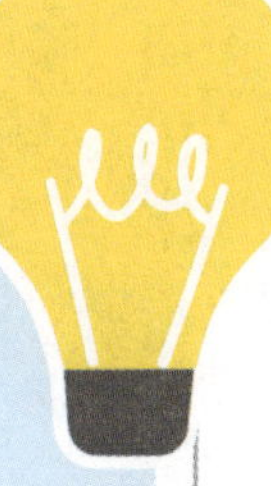

Dios sostiene y mantiene su creación en todo momento. Él es el poderoso sustentador de todo lo que existe en el universo. Su amor y cuidado se manifiestan en cada detalle de la creación. No importa cuán grande o pequeño sea, todo tiene un propósito en el plan de Dios. Podemos confiar en que Él sostiene y cuida de nosotros, ya que somos parte de su maravillosa creación.

Lee las 4 verdades que acabamos de aprender sobre la creación y explica cada una en tus propias palabras.

Como habitantes de la Tierra, vivimos en el jardín creado por Dios. Sin embargo, dependiendo de nuestra cosmovisión, actuaremos de diferentes maneras frente a él.

Observa cada imagen y relaciona el comportamiento con su cosmovisión sobre la creación. Une con una línea cada imagen a la cosmovisión que le corresponde y su visión sobre la creación.

Perspectiva teísta

Perspectiva naturalista

Perspectiva animista

El hombre trabaja la tierra para sacar provecho sin cuidar y preservar el medio ambiente, esto lleva al abuso y la degradación de la creación.

El hombre quiere cuidar tanto de la naturaleza que inclusive le atribuye cualidades de vida y sentimientos al punto de no ponerla a trabajar a su favor, lo que lleva a la pobreza y el subdesarrollo.

El hombre tiene un equilibrio maravilloso entre el trabajo y el cuidado. El hombre es guardian de la creación de Dios y debe ser administrador del aire, el agua, el suelo, las plantas, los animales y cualquier otra cosa de la creación.

¿Qué cosas prácticas puedes hacer en tu vida diaria para cuidar la creación de Dios?

Solo o en grupo, visita un lugar que muestre la creación de Dios: una reserva forestal, parque público, jardín botánico, paraje acuático, zona montañosa o cualquier otro lugar hermoso. Luego pasa una tiempo orando, meditando algún versículo de los que aprendiste, haz un dibujo o toma una foto para el recuadro de abajo y escribe lo que Dios te reveló sobre la importancia de cuidar la creación y confiar en el cuidado de Dios.

EL SENTIDO DE LA HISTORIA

INCIERTO: Algo que no es seguro o es dudoso. No sabemos exactamente qué pasará o cómo es.

AUDAZ: Ser valiente y atrevido, no tener miedo de enfrentar situaciones desafiantes.

CONCEPCIÓN: El acto o proceso de concebir o formar una idea o pensamiento en la mente.

RESIGNACIÓN: Aceptar algo sin resistencia, aunque no sea lo que esperábamos o deseábamos.

PREDETERMINADO: Cuando algo ya está decidido o planeado de antemano, antes de que suceda. No hay cambios posibles porque ya está establecido.

Tal vez fue un sueño, ya que sabemos que Dios habló a través de sueños. Quizás estaba desayunando, posiblemente solo en alguna colina ventosa o disfrutando de un momento tranquilo. No se nos dice específicamente. Lo que sí sabemos es que un día, a los setenta y cinco años, cuando Abraham vivía una vida próspera con su esposa Sarai y su sobrino Lot en un lugar llamado **HARÁN**, escuchó la voz de Dios. Dios le ordenó que dejara Harán, abandonando su país, su cultura y todo lo que le resultaba cómodo y familiar, y se dirigiera a una tierra desconocida donde le esperaba un futuro **INCIERTO**.

No hay razón para pensar que él supiera adónde ir. La voz simplemente le mandó partir. Luego Dios le hizo una promesa misteriosa que cambiaría su vida y la historia de la humanidad para siempre:

> El Señor le había dicho a Abram: «Deja tu patria y a tus parientes y a la familia de tu padre, y vete a la tierra que yo te mostraré. 2 Haré de ti una gran nación; te bendeciré y te haré famoso, y serás una bendición para otros. 3 Bendeciré a quienes te bendigan y maldeciré a quienes te traten con desprecio. Todas las familias de la tierra serán bendecidas por medio de ti». Génesis 12:2-3

Esta promesa resultó aún más increíble porque, debido a la avanzada edad de Abraham, él no tenía hijos y Sarai era estéril. Sin embargo, Dios prometió hacer de este anciano sin hijos el padre de una gran nación, a través de la cual todas las naciones de la tierra serían bendecidas.

Así que Abraham partió. Según el historiador Thomas Cahill, la palabra «partió» es una de las más **AUDACES** de la literatura. Indican un abandono total del pasado, desde el principio de los tiempos hasta este momento decisivo. «Se levanta un hombre de la raza humana con una promesa imposible... un sueño de algo nuevo, mejor, futuro».

A través de Abraham, se desató una nueva **CONCEPCIÓN** de la vida humana y de la historia en el mundo. Esta concepción de la historia era completamente diferente de las ideas animistas que dominaban en la época de Abraham y que aún tienen influencia en la actualidad.

Según Cahill, los contemporáneos de Abraham se habrían burlado de su locura y le habrían dicho que un hombre no puede escapar de su destino. Los antiguos egipcios le habrían aconsejado que imitara a sus antepasados y siguiera sus pasos. Los primitivos griegos le habrían dicho que no reaccionara exageradamente y actuara con **RESIGNACIÓN.** En la India le habrían dicho que el tiempo es oscuro, irracional e implacable, y que no debería esforzarse por hacer algo en el tiempo, ya que el sufrimiento es su único dominio. En China, los sabios le habrían advertido que viajar no tiene sentido y que lo mejor es escapar del cambio y abolir el tiempo. El pueblo maya de América le habría mostrado calendarios cíclicos que se repetían año tras año, y le habrían explicado que todo lo que ha ocurrido volverá a suceder y que el destino de cada persona está **PREDETERMINADO.** En todos los continentes y en todas las sociedades, a Abraham le habrían dado el mismo consejo: no viajes, quédate donde estás, cálmate y reflexiona sobre el flujo constante y absurdo del tiempo. Pero Abraham no les hizo caso, partió y la historia cambió para siempre. Dios llamó a Abraham para que saliera de este ciclo vicioso, le dio esperanza y un destino. De repente, la vida comenzó a tener sentido y propósito. De la noche a la mañana, los individuos adquirieron importancia en un contexto más amplio.

En esta sesión examinaremos la concepción bíblica de la historia y exploraremos su poder transformador.

De acuerdo a la lectura anterior, responde las siguientes preguntas:

1. ¿Qué beneficios obtuvo la humanidad con la obediencia de Abraham al viaje que Dios le había ordenado?

2. Jesús es el cumplimiento de la promesa que Dios le hizo a Abraham y tú haces parte de esa historia, ¿cómo te hace sentir poder tener una conexión especial con Dios gracias a lo que hizo Jesucristo?

3. ¿Por qué la historia cambió con el viaje de Abraham?

4. ¿Qué relación hay entre la historia y las cosmovisiones?

Al inicio de cada carril, encontrarás una pista que te indicará cuánto debes contar para encontrar las letras necesarias y así desvelar la palabra oculta. Debes correr a lo largo de cada carril, contando el número específico indicado, y cuando llegues a la letra correspondiente, anótala. Una vez que hayas recolectado todas las letras, podrás descubrir la palabra completa y ganar la carrera del conocimiento. ¡Diviértete y descubre las palabras claves!

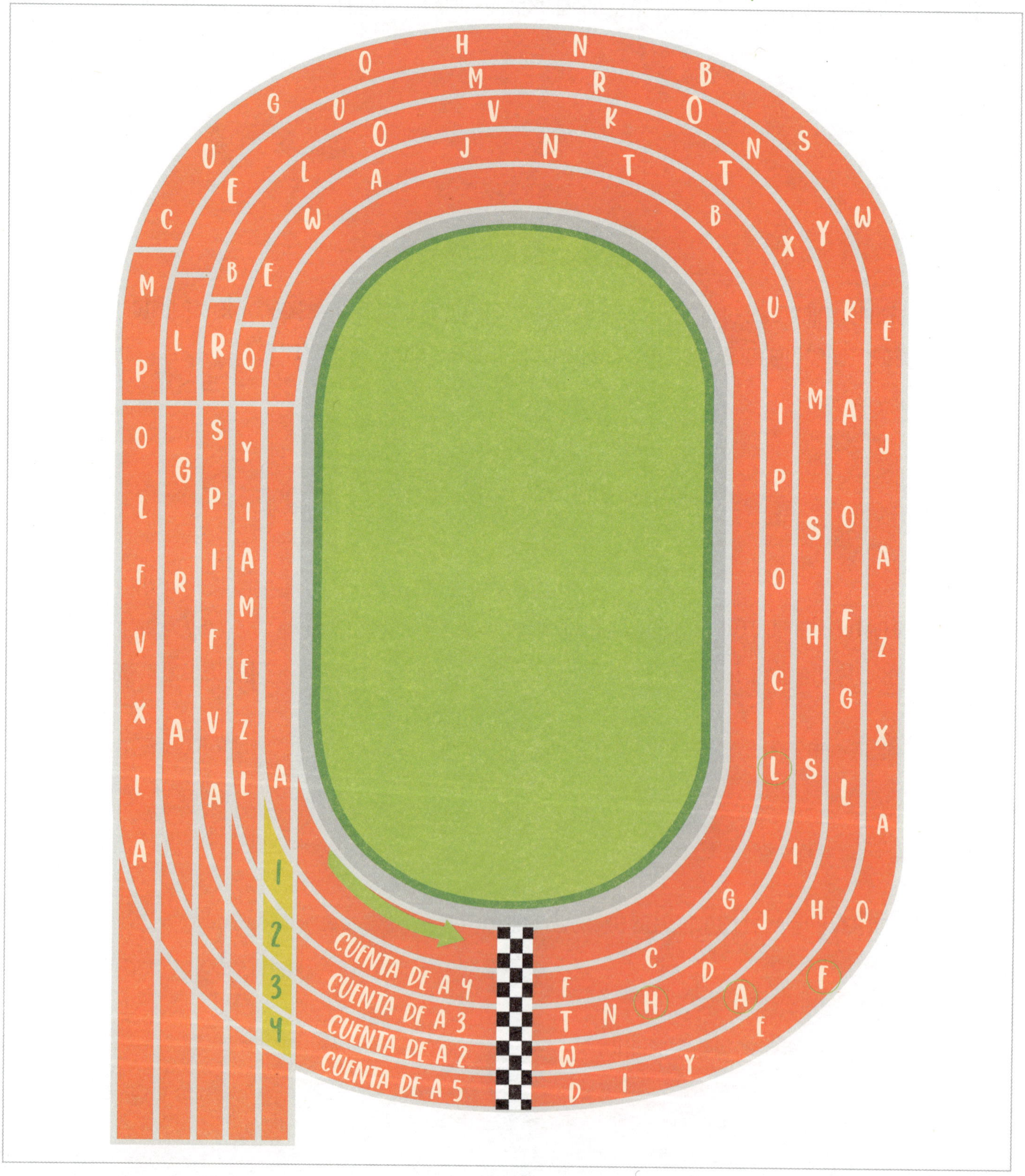

Llena el espacio en blanco con las palabra que descubriste en cada carril.

1. _________________________________ significa que algo sigue una línea recta. En esta sesión, vamos a hablar de cómo la Biblia ve la historia como una secuencia lineal. Esto significa que la historia tiene un principio, una parte central y un final, como una línea. Esta forma de ver la historia es diferente a otras ideas que piensan que el tiempo es una repetición constante de eventos cíclicos.

En el siguiente cuadro dibuja con letra linda y creativa la palabra clave que aprendiste.

Explica en tus propias palabras lo que significa

2. _________________________________ relacionada con el griego «eidenai» que significa «conocer». Es un registro de eventos importantes que ocurrieron en el pasado. Nos ayuda a entender cómo sucedieron las cosas y por qué sucedieron. Es como una especie de libro que cuenta lo que ha pasado en el mundo.

En el siguiente cuadro dibuja con letra linda y creativa la palabra clave que aprendiste.

Explica en tus propias palabras lo que significa

3. ____ Alfa es la primera letra del alfabeto griego; Omega es la última.

En el siguiente cuadro dibuja con letra linda y creativa la palabra clave que aprendiste.

Explica en tus propias palabras lo que significa

____

____

4. ____ es una breve narración ficticia, que suele ser divertida y encerrar una moraleja. Los personajes suelen ser animales.

En el siguiente cuadro dibuja con letra linda y creativa la palabra clave que aprendiste.

Explica en tus propias palabras lo que significa

____

____

Ora, lee el versículo, subráyalo y contesta las siguientes preguntas.

«Yo soy el Alfa y la Omega, el principio y el fin—dice el Señor Dios—. Yo soy el que es, que siempre era y que aún está por venir, el Todopoderoso».

Apocalipsis 1:8

1. ¿Qué te enseña este versículo acerca de la existencia de Dios?

2. ¿Por qué crees que este versículo nos revela que Dios es el autor de la historia?

3. Lee la siguiente definición de «eterno»: «Sin principio o fin de existencia». Responde con tus propias palabras ¿por qué es importante entender que Dios es eterno?

LA HISTORIA ES LINEAL PORQUE TIENE PASADO, PRESENTE Y FUTURO

VERDADES TRANSFORMADORAS SOBRE LA HISTORIA

1

El saber que Dios está involucrado en la historia nos llena de esperanza y propósito. Él es el protagonista, el autor y el director de la historia. Está trabajando en ella y todo tiene sentido, pues la historia se dirige hacia un propósito.

DIOS ES EL AUTOR DE LA HISTORIA

2

Esto significa que cada evento que ocurre es significativo y contribuye al cumplimiento del plan que Dios tiene desde antes de la creación. Él utiliza a las personas para llevar a cabo su plan redentor a lo largo de la historia. Por eso, nos ha dado talentos y dones especiales para cumplir con nuestra misión.

LA HISTORIA ES UNA SECUENCIA LINEAL

3

Dios usa a las personas para extender su plan redentor a través de la historia. Por eso, Él ha dado a cada ser humano talentos y dones especiales para cumplir con esa misión. Nuestra vida tiene sentido porque somos parte de «Su historia».

CADA SER HUMANO TIENE UN PAPEL IMPORTANTE EN LA HISTORIA

4

Nuestra vida tiene sentido porque somos parte de la historia de Dios. Desde el primer capítulo de la Biblia, vemos cómo Dios nos dejó un registro de su obra redentora. La Palabra de Dios nos ayuda a entender la verdadera historia y el papel importante que cada uno de nosotros desempeña en ella.

LA BIBLIA ES EL REGISTRO DE LA OBRA DE DIOS EN LA HISTORIA

5

Como cristianos, tenemos la misión y la responsabilidad de contar al mundo la historia completa de lo que Dios ha hecho en nosotros. Nuestra historia abre las puertas para compartir las buenas noticias de Jesucristo y su plan de redención para toda su creación.

TENEMOS LA RESPONSABILIDAD DE CONTAR NUESTRA HISTORIA CON LAS BUENAS NUEVAS

La historia comienza con el personaje central y más importante, Dios. «Dios, en el principio creó los cielos y la tierra» (Gn 1:1).

En el primer capítulo, Dios crea el universo físico de la nada y culmina su obra con la creación del hombre y la mujer a su imagen y semejanza. Los pone en el jardín del Edén para que fructifiquen, se multipliquen, llenen la tierra y administren su magnífica creación.

En el capítulo tres, vemos el comienzo de la historia redentora. Revela el plan de Dios para sanar, liberar y rescatar lo que se perdió en la Caída. Dios levanta a Abraham y a través

DIOS ETERNO

① CREACIÓN DEL UNIVERSO

③ LEY SIN GRACIA

CAÍDA ②

En este capítulo también aparece el personaje maligno, Satanás, en forma de serpiente. Engaña a Adán y Eva en el jardín y ellos caen en sus mentiras, revelándose contra Dios.

Como consecuencia de la Caída, entra la muerte en la historia junto con el hambre, la pobreza y todo tipo de mal. Sin embargo, esto no cambió el gran plan de Dios, sino que dio inicio a la parte gloriosa, amorosa y misericordiosa de su historia: LA REDENCIÓN.

"Dios amó tanto al mundo que dio a su único Hijo, para que todo el que crea en él no se pierda, sino que tenga vida eterna. Dios no envió a su Hijo al mundo para condenarlo, sino para salvarlo a través de él" (Juan 3:16-17). Este es el punto más importante de de sus descendientes en Israel, extiende su bendición generación tras generación hasta el cumplimiento de las promesas con la venida de Cristo.

En este capítulo, Cristo establece la iglesia para llevar el plan redentor a todas las naciones. Dios nos ha dado un papel importante en su historia. Como hijos de Dios, somos la iglesia de Cristo y Él nos usa para llevar sanidad y libertad a todas las personas y naciones de la tierra. Esta misión es la «Gran Comisión» que encontramos en Mateo 28:18-20: hacer discípulos y enseñarles a obedecer la palabra de Dios.

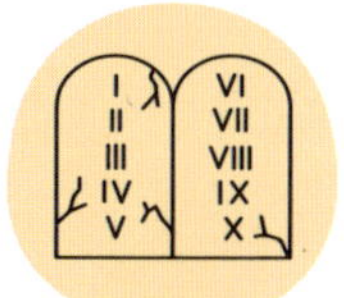

5 DIOS ESTABLECE LA IGLESIA PARA SU PLAN REDENTOR

DIOS ETERNO

CRISTO **4**

REGRESO DE JESÚS **6**

toda la historia, donde Dios envía a su Hijo Jesucristo. Aquí encontramos la vida, muerte y resurrección de Jesús, el Hijo de Dios y el Rey del Universo. Aquí, Dios amplía su plan redentor para toda la tierra y su hermosa

En este capítulo, Jesús, el Rey de Reyes, regresa con su reino. Todos lo verán, todas las rodillas se doblarán y todas las lenguas confesarán que Él es el Señor. Él juzgará a todos los pueblos con justicia, el mal será castigado y la creación recuperará toda su gloria. Esta será la nueva Jerusalén.

Te invito a leer Apocalipsis 21:2-4 e imaginar la mejor versión del mundo, pero eso aún será poco comparado con lo que Dios tiene preparado en la nueva Jerusalén.

NUESTRO LUGAR EN SU HISTORIA

Busca en tu Biblia los versículos, subráyalos y contesta las preguntas.

1. Hebreos 11:16 nos habla de la recompensa que Dios dará a aquellos que dan un paso de fe y confían en sus promesas, al igual que Abraham. ¿Qué recompensa nos dará Dios si, como Abraham, damos un paso de fe y confiamos en las promesas de Dios?

2. Lee la parábola de Lucas 19: 11-26. ¿Qué quiere Dios que hagas con tus dones y talentos?

3. La historia de José nos muestra cómo Dios trabaja en la historia. Nos enseña que incluso en situaciones difíciles y malas, Dios puede usarlas para hacer algo bueno y cumplir su plan. ¿Qué nos enseña este relato sobre el control de Dios sobre las cosas que ocurren en la historia? ¿Qué actitud debemos tener frente a lo que sucede?

4. Lee Mateo 18: 10-14. ¿Qué te enseña esta parábola sobre el valor que tiene una vida para Jesús?

Vamos a pedir a Dios que traiga su revelación especial para ver su Providencia (cuidado de Dios) en la historia. Reflexionaremos en 3 situaciones para encontrar cómo la verdad de Dios puede haber influido en el pasado y cómo puede influir en el presente y futuro.

1. Elige un relato de **LA BIBLIA** en el que el pueblo desobedeció un mandato de Dios y experimentó consecuencias desastrosas. Luego, reescribe la historia considerando qué habría sucedido si la gente hubiera obedecido las instrucciones de Dios. ¿Qué dirían y harían en esa situación? ¿Cómo se desarrollaría el relato y qué impacto tendría en la historia? Ten en cuenta que las personas son imperfectas, pero ayúdalas a seguir la voluntad de Dios de alguna manera.

2. Elige un incidente de **LA HISTORIA** de tu país y réescríbelo. Luego, reescribe la historia considerando qué habría sucedido si la gente hubiera obedecido las instrucciones de Dios. ¿Cómo se habría desarrollado el incidente y cómo habría afectado a la historia de tu país?

3. Identifica y escribe una situación actual en **TU PAÍS** en la que se esté viviendo una mentira y se esté sufriendo a causa de ello; luego piensa qué verdad de Dios se debería aplicar y cómo sería el final de esa situación si una persona obedeciera a Dios y aplicara esa verdad en su país . ¿Cómo el reconocer la verdad y el plan redentor de Dios influirían en el futuro?

Luego escoje 1 de las 3 situaciones y cuenta de manera creativa el relato a tus padres, hermanos, maestros o amigos .

CAPÍTULO 7

EL ABC DE LA CULTURA

INMIGRANTES: Personas que se establecen en un país o región diferente de su lugar de origen con el propósito de vivir allí.

NATIVO: Una persona que nace en un lugar particular. Es alguien que tiene vínculos y conexiones con la región o país donde nació.

COLONOS: Viene de la palabra colonia. Grupo de personas de un mismo origen geográfico, de la misma etnia o religión que se instalan en un lugar distinto al suyo originario por motivos de diversa índole.

PERJUDICIAL: Que causa daño, perjuicio o efectos negativos. Que tiene consecuencias desfavorables o adversas para la salud, el bienestar o el funcionamiento de algo o alguien.

La ciudad de **CONSTANZA** se encuentra en un valle fértil rodeado de hermosas montañas en la **REPÚBLICA DOMINICANA**, en el Caribe. Allí hay una abundancia de agua y el clima es moderado durante todo el año. En el valle, muchas familias luchan por sobrevivir trabajando en pequeñas granjas para subsistir. Estas son algunas de las personas más pobres del país.

Sin embargo, al mismo tiempo, también hay casas grandes y hermosas mansiones que tienen una vista espectacular del valle. Estas casas pertenecen a **INMIGRANTES** japoneses que se mudaron a la República Dominicana poco después de la Segunda Guerra Mundial. Cuando llegaron al país, prácticamente no tenían nada aparte de la ropa que llevaban puesta. Al igual que los agricultores locales que trabajan en el valle, ellos también comenzaron como campesinos pobres. Pero después de algunas décadas, lograron prosperar económicamente, mientras que los trabajadores **NATIVOS** siguen luchando contra la pobreza en medio de esta situación difícil.

¿Cómo podemos explicar la diferencia entre estos dos grupos? Ambos experimentaron las mismas condiciones físicas y tenían acceso a los mismos recursos naturales. La respuesta probablemente se encuentra en sus formas de pensar diferentes. Los **COLONOS** japoneses trajeron consigo una mentalidad que valora el trabajo duro y la perseverancia frente a las dificultades. Sus padres en Japón les enseñaron a nunca rendirse. Por otro lado, los campesinos dominicanos nativos se aferran a una creencia fatalista. Para ellos, la pobreza es algo inevitable; son pobres porque sus padres y abuelos también lo fueron. Ven la pobreza como su destino y creen que no pueden cambiarlo, adoptando una actitud pasiva ante las dificultades y pensando que «lo que tenga que ser, será».

Sin embargo, estas creencias destructivas no son exclusivas de los campesinos dominicanos. Todos los países, en cierta medida, adoptan creencias falsas y dañinas, incluso aquellos donde la iglesia es fuerte y activa. Podemos ver un ejemplo de esto en los Estados Unidos, donde hay muchas iglesias, libros, programas de televisión y películas cristianas. La mayoría de los adultos estadounidenses afirman creer en Dios y tener al menos una Biblia. Sin embargo, entre 1973 y 2001, se realizaron treinta y ocho millones de abortos y la tasa de divorcio tanto entre cristianos como no cristianos es casi la misma. ¿Cómo puede suceder esto en una nación que se considera «cristiana»? Una encuesta realizada en enero del 2000 sugiere que más de la mitad de los cristianos en los Estados Unidos no creían en la existencia de una «verdad moral absoluta». La mayoría de los cristianos estadounidenses no están seguros de que existan normas absolutas que determinen el bien y el mal. Para muchos de ellos, la verdad es algo confuso, lo que resulta en tener pocas o ninguna regla moral.

Estas creencias están basadas en mentiras. Como ocurre con todas las mentiras, sus consecuencias son trágicas y **PERJUDICIALES.** Detrás de todas las mentiras está Satanás, el padre de las mentiras. Sin embargo, dado que este mundo pertenece a Dios, hay esperanza para aquellos que están atrapados por las falsedades del enemigo. La verdad es más poderosa que la mentira, y la palabra de Dios es verdadera. Aunque Satanás tenga poder, Dios es mucho más poderoso.

En esta sesión examinaremos cómo el diablo distorsiona la verdad de Dios y veremos que los enfoques torcidos acarrean una variedad de consecuencias destructivas. Cuando las personas y las culturas creen estas distorsiones, se convierten en esclavos.

De acuerdo a la lectura anterior, responde las siguientes preguntas:

1. ¿Qué diferencias notaste en el destino de las personas de Japón y de República Dominicana en aquel valle?

2. ¿Cómo has aplicado los principios bíblicos cristianos del trabajo duro y la perseverancia en situaciones difíciles? Puedes dar un ejemplo de tu propia vida.

3. Si no hay reglas claras sobre lo que está bien y lo que está mal, ¿qué crees que podría pasar en nuestra sociedad?

4. Busca en tu Biblia el versículo Juan 8:32 y describe lo que entiendes de él, considerando lo que aprendiste en la lectura.

¡Descubre las palabras clave! Encuentra las letras correspondientes al buscar las coordenadas que se encuentran debajo de cada barra de espacio junto a cada definición. Utiliza estas letras para formar las palabras claves.

Llena el espacio en blanco con las palabra que descubriste en cada carril.

1. __ __ __ __ __ __ __ __ __ __ __   Es lo que sucede como resultado de algo que ha ocurrido
  C1 F2 A4 C3 F4 C1 E2 F4 A4 C1 E5 D3   anteriormente.

En el siguiente cuadro dibuja con letra linda y creativa la palabra clave que aprendiste.

Explica en tus propias palabras lo que significa

2. __ __ __ __ __ __ __ __ __ __ __ __ __ Es la la acción de crear o producir algo engañoso, ficticio,
B5 D3 C5 C3 E5 B5 E5 C1 D3 C1 E5 F2 A4   o fraudulento, una imitación de lo original o genuino con
el objetivo de engañar a alguien.

En el siguiente cuadro dibuja con letra linda y creativa la palabra clave que aprendiste.

Explica en tus propias palabras lo que significa.

3. __ __ __ __ __ __ __ __ __ Se utiliza para referirse a algo que es muy simple o fácil de entender y
F4 C5 F4 F5 F4 A4 F3 D3 C5   que es la base para entender algo más complejo.

En el siguiente cuadro dibuja con letra linda y creativa la palabra clave que aprendiste.

Explica en tus propias palabras lo que significa.

4. __ __ __ __ __ __ __ __ __ Es la búsqueda del placer egoista y la evitación del dolor como el objeti-
E4 F4 E3 F2 A4 E5 C3 F5 F2 vo principal de la vida.

El placer cristiano implica encontrar la felicidad y la satisfacción en Dios, en su voluntad y en el servicio a los demás, en lugar de buscar solo la recompensa personal y el placer egoísta.

En el siguiente cuadro dibuja con letra linda y creativa la palabra clave que aprendiste.

Explica en tus propias palabras lo que significa.

5. __ __ __ __ __ __ __ __ __ Es una regla o idea fundamental que se utiliza como base para tomar
B2 B3 E5 A4 C1 E5 B2 E5 F2 decisiones o para llevar a cabo acciones.

En el siguiente cuadro dibuja con letra linda y creativa la palabra clave que aprendiste.

Explica en tus propias palabras lo que significa.

Ora, lee el versículo, subráyalo y contesta las siguientes preguntas.

Pues ustedes son hijos de su padre, el diablo, y les encanta hacer las cosas malvadas que él hace. Él ha sido asesino desde el principio y siempre ha odiado la verdad, porque en él no hay verdad. Cuando miente, actúa de acuerdo con su naturaleza porque es mentiroso y el padre de la mentira.

Juan 8:44

1. ¿Cómo describe Jesús a Satanás en este pasaje?

2. Lee y subraya Gálatas 4:9. Responde: ¿qué ocurre cuando los individuos, pueblos o naciones creen las mentiras de Satanás?

3. Para ver lo opuesto a esto, busca y subraya Juan 14:6. ¿Cómo se define a sí mismo el Señor Jesús?

«ASÍ QUE, SI EL HIJO LOS HACE LIBRES, USTEDES SON VERDADERAMENTE LIBRES» (JUAN 8:36)

01 Pablo nos explica en Romanos 1:18-32 que cuando los seres humanos caídos cambian la verdad de Dios por la mentira, inevitablemente se siguen consecuencias terribles.

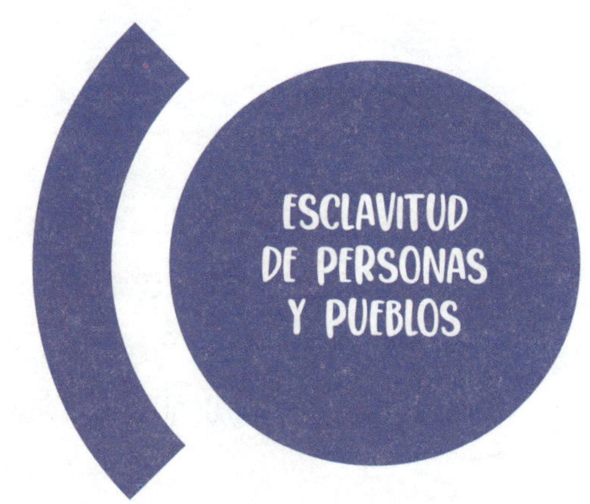

02 Satanás apunta a los principios básicos de una cultura como: la vida, la libertad, la individualidad, la seguridad, la familia, etc y los corrompe para llevar a cabo su plan destructor.

03 Los principios elementales de una cultura pueden imaginarse como los bloques de un edificio. Aunque todas las culturas tienen verdades y mentiras, aquellas que contienen más verdad, bondad y belleza crean sociedades más libres, más justas, más prosperas y más compasivas. Mientras que aquellas que se construyen con más mentiras son más insensibles, esclavizadas y corruptas.

04 Aunque Satanás ha puesto muchas mentiras en todas las culturas estas son las que se mantienen e imponen:
1. La verdad no existe.
2. Si la verdad existe, es incomprensible o indescifrable.
3. La vida humana tiene poco valor.

Todas estas mentiras son terriblemente destructivas. El mundo necesita oír las verdades transformadoras de la cosmovisión bíblica. Ya que esta es la única que refleja la verdad que tiene el poder de transformar las personas y los pueblos que están atrapados en una red de mentiras.

Descubre el martillo que rompe cada mentira y únelo con una línea al bloque que corresponde para romperlo.

SOLO LA VERDAD DE DIOS PUEDE BRINDAR ALIVIO, LIBERTAD, SANIDAD Y VENCER LA MENTIRA.

¿Contra qué no batallamos y contra qué sí? Efesios 6: 10-12

¿Qué hizo Dios por nosotros? Gálatas 4:4-7

¿Cómo podemos ser liberados? Juan 8:31-32

¿Cómo podemos resistir los engaños de Satanás y cuál es el primer objeto de la armadura espiritual que debemos ponernos?

Estas son algunas mentiras que afectan nuestra cultura, léelas todas antes de hacer el siguiente punto.

La vida no comienza desde la concepción **1**

Lo más importante es mi felicidad y no sufrir **2**

La Biblia es de otra época por eso hoy en día no es válida **3**

Los adultos no pueden entender a los jóvenes porque tienen ideas y experiencias diferentes debido a la época en la que crecieron **4**

Los niños pueden decidir lo que es mejor para ellos y no necesitan que sus padres los guíen **5**

No tenemos que hacer lo que debemos hacer, solo hacemos lo que nos hace felices **6**

La familia es importante pero puede formarse de muchas maneras no solo con un papá, una mamá e hijos **7**

No hay una única verdad que sea siempre cierta para todos, ya que depende de cómo cada uno vea las cosas **8**

El gobierno es responsable de dar educación a los ciudadanos **6**

1. Escoge una mentira que esté afectando tu cultura. Junto con tus padres, busca una frase, palabra, canción, libro, chiste, película o actitud que esté siendo influenciada por esa mentira y escríbela.

2. Piensa en las consecuencias que hay cuando las personas creen la mentira que escogiste en la pregunta anterior. ¿Cómo afecta a las personas, familias, iglesias y al país en general?

Ahora, lee cada versículo y relaciona esa verdad con alguna de las mentiras del cuadro anterior, escribiendo el número correspondiente. Esto te ayudará a identificar cómo la verdad bíblica puede contrarrestar y destruir las mentiras que hemos descubierto.

Salmos 139: 13-16	Hebreos 10:34-35	Mateo 5:18
Levítico 19:32 Job 12:12	Proverbios 1:8-9	Colosenses 3:23-25
Joel 1:3 Salmos 78: 1,6	Génesis 2:24	Juan 14: 6 Juan 17:17

Ahora que conoces la verdad, toma unos minutos para orar por tu ciudad o país y pide al Señor que te ayude a traer la verdad al lugar en el que Él te ha puesto.

3. Piensa en algo práctico que puedas hacer para contrarrestar la mentira de Satanás que escogiste y escribe tu plan.

CAPÍTULO 8

VISTÁMONOS DE LA COSMOVISIÓN BÍBLICA

EXTENSAMENTE: De manera amplia o extensa. Significa que algo se lleva a cabo o se extiende en una gran medida o en muchos aspectos diferentes.

ADVERSIDAD: Situación difícil, problema o desafío que una persona enfrenta en su vida. La adversidad es una prueba o dificultad que puede poner a prueba la fortaleza y resistencia de una persona.

ESTABLECERSE: Hacer un lugar o una región su hogar permanente. Significa establecerse en un lugar y construir una vida allí, ya sea mediante la creación de un hogar, la búsqueda de empleo o la formación de relaciones con la comunidad.

ABOLICIÓN: Acción de poner fin a algo, generalmente se refiere a la eliminación oficial o legal de una práctica, institución o ley. La abolición implica la supresión completa y la erradicación de algo considerado negativo o injusto.

William Carey, un zapatero proveniente de un pueblo rural en el centro de Inglaterra, se convirtió al cristianismo y abrazó su fe con entusiasmo desde una temprana edad. A pesar de tener poca educación formal, Carey tomó prestada una gramática griega y se dedicó a aprender griego del Nuevo Testamento. A medida que progresaba en su estudio de los idiomas, también aprendió hebreo y latín.

Carey se convirtió en predicador bautista y desarrolló un profundo interés en los asuntos internacionales, especialmente en la vida religiosa de otras culturas. Admiraba a los primeros misioneros de Moravia y se lamentaba por la falta de interés misionero entre sus compañeros protestantes. Escribió **EXTENSAMENTE** sobre la obligación de los cristianos de utilizar medios para la conversión de los paganos y criticó a sus contemporáneos por ignorar esta responsabilidad.

En 1792, Carey fundó una sociedad misionera y decidió embarcarse hacia la **INDIA** con su esposa e hijos. Sin embargo, los primeros años en la India fueron extremadamente difíciles. Carey y su familia enfrentaron numerosos desafíos, incluyendo enfermedades, pobreza y la soledad de estar en un territorio desconocido. A pesar de las **ADVERSIDADES**, Carey se dedicó a aprender el idioma bengalí con la ayuda de un experto y comenzó a traducir la Biblia a este idioma. También predicaba en pequeñas reuniones.

Después de varios años, Carey y su familia fueron invitados a **ESTABLECERSE** en **SERAMPORE,** un asentamiento danés cerca de Calcuta. Esta nueva ubicación les brindó protección y les permitió predicar legalmente.

Carey se unió a otros misioneros, como William Ward y Joshua y Hanna Marshman, y juntos trabajaron en la traducción de La Biblia a varios idiomas de La India. Además de su trabajo misionero, Carey también buscó la reforma social en la India. Defendió la **ABOLICIÓN** de prácticas como el infanticidio, que es el acto de matar a un recién nacido o a un niño pequeño, la quema de viudas y el suicidio asistido. Junto con los Marshman, fundó el Serampore College en 1818, una escuela de teología que ofrecía educación a ciudadanos indios.

A lo largo de su vida, Carey logró importantes avances en la traducción de la Biblia. Durante 28 años, él y un equipo de expertos tradujeron la Biblia completa a los principales idiomas de la India y tradujo partes de ella a otros 209 idiomas y dialectos. Su trabajo sentó las bases para el estudio del bengalí moderno y permitió que las distintas poblaciones y etnias de la India pudieran leer las Escrituras en su propio idioma.

Aunque la misión de Carey tuvo relativamente pocos conversos en comparación con la población de la India, dejó un legado duradero. Su dedicación a la traducción de la Biblia, su enfoque en la misión y su compromiso con la reforma social inspiraron a numerosos misioneros del siglo XIX, como Adoniram Judson, Hudson Taylor y David Livingstone. Hoy en día, su ejemplo sigue siendo relevante en un mundo donde muchas personas viven en su gran mayoría un cristianismo cómodo y complaciente, mientras millones de personas viven sin conocer el evangelio.

En esta sesión examinaremos cómo vestirnos de la cosmovisión bíblica y la importancia de aprender a cuidar nuestra mente de las mentiras para poder aprender a pensar como el Rey piensa.

De acuerdo a la lectura anterior, responde las siguientes preguntas:

1. Durante su ministerio en India, ¿qué mejoras logró Carey en la traducción de la Biblia?

2. ¿Cuáles son los beneficios que una nación puede obtener al tener la Biblia traducida a su propio idioma?

3. ¿Por qué los cristianos deben luchar en contra de los hechos que causan sufrimiento en las naciones?

4. Busca en tu Biblia el versículo Marcos 16:15 y describe cómo lo entiendes, considerando lo que aprendiste en la lectura.

Cuenta los patrones en cada jarrón (rayas, puntos o triángulos) y escribe el número en los cuadrados a la izquierda de cada uno. Para encontrar las letras con las que descubrirás las palabras, desarrolla las multiplicaciones y busca el jarrón que tenga el mismo número que el resultado que obtuviste. Luego, escribe la letra que corresponde encima de cada línea de acuerdo al número.

Llena el espacio en blanco con la palabra que descubras realizando las multiplicaciones.

1. ___ ___ ___ ___ ___ ___ ___ ___ ___ ___ ___ ___ ___

5X2=   1X5=   3X3=   2X2=   7X1=   10X1=   4X3=   4X1=   3X2=   5X3=   2X3=   12X1=   4X2=

La ______________________________ es cuando pensamos que algo es verdad sin estar completamente seguros. Es como cuando damos por hecho algo antes de tener todas las pruebas.

2. ___ ___ ___ ___ ___ ___ ___ ___

2X1=   12X1=   5X3=   3X1=   1X15=   6X1=   2X6=   1X8=

La palabra ____________________ proviene del término latino «vocatio», que deriva del verbo «vocare», que significa «llamar». Se refiere al llamado o propósito específico que Dios tiene para cada persona en su vida. La vocación cristiana implica descubrir cómo podemos usar nuestros dones y talentos para honrar a Dios y servir a los demás en el mundo. Es un compromiso de seguir la voluntad de Dios y buscar su guía en todas las áreas de nuestra vida.

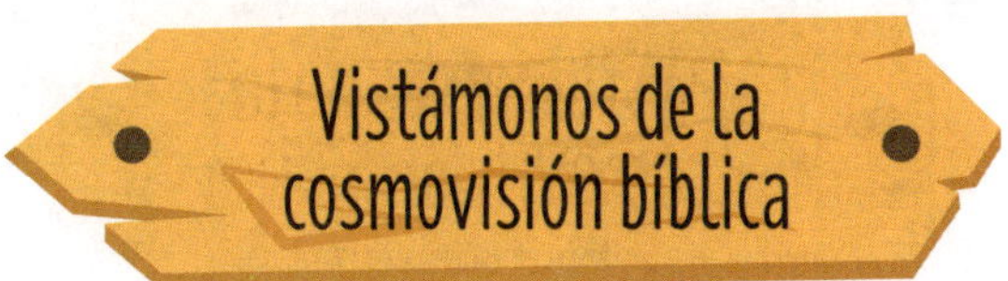

En los siguientes cuadros dibuja con letra linda y creativa las 2 palabras claves que aprendiste.

Explica en tus propias palabras lo que significa.

Explica en tus propias palabras lo que significa.

Ora, lee el versículo, subráyalo y contesta las siguientes preguntas.

> No imiten las conductas ni las costumbres de este mundo, más bien dejen que Dios los transforme en personas nuevas al cambiarles la manera de pensar. Entonces aprenderán a conocer la voluntad de Dios para ustedes, la cual es buena, agradable y perfecta.
>
> Romanos 12:2

1. ¿Qué no debemos imitar? ¿Puedes mencionar algunas acciones o comportamientos que veas a tu alrededor y que no estén de acuerdo con lo que Dios quiere?

____

____

____

____

2. ¿De qué manera Dios nos transforma? ¿Cómo podrías evitar ser influenciado por esas cosas que no están de acuerdo con lo que Dios piensa?

____

____

____

____

3. ¿Qué consecuencias trae a tu vida pensar de la manera en que Dios piensa? ¿Puedes pensar en alguna situación en la que seguir la voluntad de Dios te haya traído algo bueno o te haya hecho sentir feliz?

____

____

____

VESTIDOS DE LA VERDAD

La Biblia nos dice que no debemos ser como el mundo, sino pensar y actuar de acuerdo con lo que Dios quiere. Esto significa aprender a pensar como Él y vivir conforme a su verdad. No es fácil y requiere disciplina. Tenemos que contrastar lo que dice la Biblia con lo que nos rodea en la cultura. Si nos revestimos de la verdad de la Biblia en todas las áreas de nuestra vida, podremos mostrar a los demás cómo vivir según la voluntad de Dios. Esto es ser «sal y luz» en el mundo, y cuando muchos creyentes lo hacen, las culturas pueden cambiar y las personas pueden ser discipuladas.

AMAR A DIOS CON LA MENTE

Cuando somos hijos de Dios, debemos amarlo con toda nuestra mente. Esto significa descubrir las ideas falsas que tenemos y compararlas con la verdad de la Biblia. De esta manera, no seremos engañados por las mentiras del mundo y podremos pelear contra pensamientos que van en contra de Dios. Todos los creyentes debemos participar en esta batalla (2 Corintios 10:5).

VIVIR CON LA MENTE DE CRISTO

FORMAR LA MENTE DE CRISTO

Nuestro llamado a ser sal y luz en el mundo implica la necesidad de estar en el mundo, pero no ser como el mundo. Podemos entender esto como un barco que flota en el agua pero está protegido en su exterior para que esta no lo penetre. Nuestra forma de vivir debe reflejar la verdad que hay en nuestra mente, de igual manera debemos comunicar esa verdad al mundo, llevando luz a la oscuridad para transformar vidas, familias, ciudades y naciones enteras con la verdad del Reino de Dios.

Para formar la mente de Cristo en nosotros, debemos ser disciplinados e intencionales en leer y estudiar la Biblia todos los días. No es una tarea fácil, requiere esfuerzo y para lograrlo debemos ser responsables con nuestro tiempo, con lo que vemos y hacemos. Al final tendremos una gran recompensa al poder disfrutar una vida en libertad, plena y abundante.

Responde según los versículos, ¿qué debemos hacer con nuestra mente?

CON MI MENTE DEBO

Pues, «¿Quién puede conocer los pensamientos del Señor? ¿Quién sabe lo suficiente para enseñarle a él?». Pero nosotros entendemos estas cosas porque tenemos la mente de Cristo (1 Corintios 2:16).

Así experimentarán la paz de Dios, que supera todo lo que podemos entender. La paz de Dios cuidará su corazón y su mente mientras vivan en Cristo Jesús (Filipenses 4:7).

Ama al Señor tu Dios con todo tu corazón, con toda tu alma, con toda tu mente y con todas tus fuerzas (Marcos 12:30).

Así que preparen su mente para actuar y ejerciten el control propio. Pongan toda su esperanza en la salvación inmerecida que recibirán cuando Jesucristo sea revelado al mundo (1 Pedro 1: 13).

■■ Responde según los versículos, ¿cómo debemos ver el mundo y nuestra relación con el mundo?

Juan 15:18-19

Juan 3:16-17

Santiago 4:4

Juan 4:42

Santiago 1: 27

Juan 8:12

1 Juan 2:15-17

Juan 17:15

Colosenses 3:11

2 Corintios 5:18-20

«Coram Deo» es una expresión latina que significa «delante de Dios» o «en la presencia de Dios». Es un concepto teológico que destaca la idea de que la vida de un cristiano se vive constantemente bajo la mirada y la autoridad de Dios.

En el contexto cristiano, «Coram Deo» implica que todas las áreas de la vida, tanto públicas como privadas, están sujetas a la autoridad y el escrutinio de Dios. Significa que los creyentes deben vivir de manera consciente y fiel a sus creencias y principios cristianos en todas las situaciones, reconociendo que Dios está presente y observa todo.

Este concepto resalta la importancia de la integridad y la consistencia en la vida de un creyente, ya que implica que no hay una separación entre la vida espiritual y la vida cotidiana. Los cristianos que viven «Coram Deo» buscan honrar a Dios en sus pensamientos, palabras y acciones, sabiendo que son responsables ante Él en todas las áreas de su vida.

Lee la pregunta con atención, dedica un tiempo a pensar en ella y luego contesta:

1. Considerando que estamos siempre en la presencia de Dios, ¿por qué crees que es importante tener una cosmovisión bíblica en nuestra vida diaria? ¿De qué manera podría influir en nuestras decisiones y acciones?

2. Piensa en una situación en la que las opiniones o valores de la cultura o de tus amigos sean diferentes a los que se encuentran en la Biblia. ¿De qué manera te serviría saber que vivimos en la presencia de Dios y conocer lo que Dios piensa del tema para tomar decisiones sabias y vivir de acuerdo con la voluntad de Dios en ese escenario?

3. Imagina que estás en una situación en la que te enfrentas a una decisión difícil, como elegir entre seguir lo que la mayoría quiere hacer o actuar de acuerdo con tus creencias cristianas. ¿Cómo podría ayudarte el recordatorio de que estás siempre en la presencia de Dios y tener una cosmovisión bíblica a tomar una decisión sabia y fiel a tus valores? ¿Qué pasos podrías tomar para enfrentar esa situación de manera positiva?